U0480692

内蒙古财经大学统计与数学学院学术丛书

中国农户的消费信贷

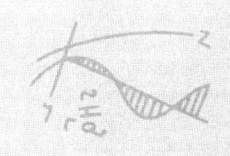

CONSUMER CREDIT OF
CHINA'S RURAL HOUSEHOLDS

王 娟 ◎ 著

本书的出版得到了内蒙古财经大学学术专著出版基金的资助,并得到了内蒙古财经大学统计与数学学院和内蒙古财经大学大数据重点实验室的支持。

经济管理出版社
ECONOMY & MANAGEMENT PUBLISHING HOUSE

图书在版编目（CIP）数据

中国农户的消费信贷／王娟著．—北京：经济管理出版社，2020.6
ISBN 978-7-5096-7124-5

Ⅰ．①中… Ⅱ．①王… Ⅲ．①农户—消费贷款—贷款—管理—研究—中国 Ⅳ．①F832.479

中国版本图书馆 CIP 数据核字（2020）第 081365 号

组稿编辑：王光艳
责任编辑：李红贤
责任印制：黄章平
责任校对：王纪慧

出版发行：经济管理出版社
（北京市海淀区北蜂窝 8 号中雅大厦 A 座 11 层　100038）

网	址：www.E-mp.com.cn
电	话：（010）51915602
印	刷：北京晨旭印刷厂
经	销：新华书店
开	本：720mm×1000mm /16
印	张：9.75
字	数：151 千字
版	次：2020 年 6 月第 1 版　2020 年 6 月第 1 次印刷
书	号：ISBN 978-7-5096-7124-5
定	价：68.00 元

·版权所有　翻印必究·

凡购本社图书，如有印装错误，由本社读者服务部负责调换。
联系地址：北京阜外月坛北小街 2 号
电话：（010）68022974　邮编：100836

内蒙古财经大学统计与数学学院学术丛书

编委会

总主编：杜金柱

编委会：王春枝　郭亚帆　巩红禹　米国芳

总 序

内蒙古财经大学坐落于内蒙古自治区呼和浩特市，始建于1960年，是国家在少数民族地区最早设立的财经类高校。经过60年的发展，内蒙古财经大学现已成为一所以本科教育为主、同时承担研究生培养任务，以经济学和管理学为主，理学、法学、工学、文学融合发展，具有鲜明地区和民族特色的财经类大学。

内蒙古财经大学统计与数学学院的前身是统计学系，2007年与我校基础教学部的数学教研室合并，组建成立统计与数学学院。学院现有统计学和数学两大学科。其中，统计学学科始建于1960年，是内蒙古自治区重点学科，具有60年的办学经验和管理经验，形成了优良的治学传统，培养出了大批硕士、本科及专科各层次的优秀人才。统计学学科拥有统计学一级学科硕士学位以及应用统计学专业硕士学位授权点。学院2015年设立了内蒙古自治区唯一的经济统计学蒙汉双语授课专业；应用统计学专业于2019年入选国家一流专业建设点；经济统计学专业是内蒙古品牌专业，"经济数据分析与挖掘"实验室被评为自治区重点实验室。

随着我院两大学科的发展与壮大，教师的学历和科学研究水平不断提升。近年来共承担国家级项目14项，其中国家哲学社会科学重大项目1项；省部级项目40余项。

为提升我院的影响力，营造良好的学术研究氛围，我们组织部分具有博士学位的教师撰写并出版了该套丛书。丛书崇尚学术精神，坚持专业视角，客观务实，兼具科学性、严谨性、实用性、参考性，希望给读者以启发和帮助。

丛书的研究成果及结论属个人或团队观点，不代表作者所在单位或官方观点，书中疏漏、不足之处敬请国内外同行、读者批评指正。

编委会感谢内蒙古财经大学对本套丛书的出版资助。

编委会
2020 年 5 月

前言

城市金融和农村金融是我国金融体系的二元构成，但这种二元金融结构抑制了农村经济的发展，加剧了二元经济和二元社会结构的矛盾。2017年，中央一号文件用较大篇幅要求加快农村金融创新，鼓励金融机构探索开展"三农"领域内的创新金融模式，并且要求与农业供给侧结构性改革对接。研究文献和实践经验都指出，提供消费信贷给农户不仅可以缓解农户的流动性约束，帮助他们实现跨期消费，而且可以增加农户的消费支出和收入水平。发展农村居民的消费信贷是刺激内需和促进经济增长的重要途径之一，在目前宏观经济运行的大背景下对农户消费信贷这一问题开展研究，就显得很有必要。本书分别从宏观层面和微观视角出发，对我国农户消费信贷问题的几个主要方面进行了研究，所做的主要工作和得到的主要研究结论如下：

第一，以宏观经济统计数据为基础，对我国农村正规金融和非正规金融的构成体系、发展状况及经营现状进行了描述性统计分析，从经济学的角度阐述了我国农村金融需求和金融供给的现状。相比于农户的生产性贷款，农村居民的消费信贷所占比重依然很小，虽然近几年农户消费信贷增长率高于城镇居民消费信贷增长率，但是农户消费信贷占当年消费信贷总额的比率远远小于城镇居民消费信贷的占比，这些都说明了我国农村居民消费信贷的规模还比较小，农村消费信贷的广度和深度都需要进一步提高。

第二，采用我国农户的大样本微观面板调查数据，对我国农户消费信贷约束的程度及其对农户福利水平的影响进行了定量分析。分析中既考虑了完全配给，又考虑了部分配给，且面板数据的使用增加了估计结果的稳健性。分析结果表明，被调查期间，遭受消费信贷约束的农户所占比率为83.7%，其中，55.2%遭受完全约束，24.2%遭受部分约束；由于消费信贷约束，样本农户的纯收入和消费支出分别平均减少了13.7%和25.6%。土地面积、纯收入、户主的年龄、上年保险费、家庭成员中是否有乡村干部、上年末金融资产余额、是否居住在东部地区均负向显著影响农户的消费信贷需求；而户主受教育程度、上年度教育费用支出、上年度住房费用支出、家庭人口规模均正向显著影响农户的消费信贷需求。土地面积、户主受教育程度、上年度家庭资产原值和家庭成员中是否有乡村干部均在1%的统计水平上显著正向影响消费信贷的供给。

第三，使用基于Halton序列抽样的模拟极大似然法估计部分可观测随机效应面板数据Biprobit模型，基于Halton序列的抽样对区间[0, 1]的覆盖会更好，且能保证分配给不同观测期间的Halton抽样数据的负相关性。传统生成伪随机数的方法非常容易产生抽样数据"聚集"的现象，结合使用Gauss-Hermite公式计算似然函数的数值积分就会导致数值不稳定。因此，本书所提出的参数估计方法，不仅解决了参数估计的问题，还能在无须太多抽样的情况下使所求数值解的精度得到保障，是对这类模型参数估计方法的一个发展。

第四，利用2018年来自我国5省共1323户农户的微观数据，对农户的消费性融资行为及其对日常消费支出的影响进行了研究，结果表明：被调查地区的金融发展水平仍然比较落后，70%的被访农户存在消费性融资需求，通过私人无利息的方式获取借款的农户占发生消费性融资行为农户总数的68.53%。对农户贷款特征的分析发现，农户更倾向于选择低利息成本、还款期限灵活及无须抵押担保的贷款。房屋资产原值、户主的年龄、土地面积、家庭人口规模、到最近信用社的距离、养殖业收入、工资性收入、养殖业支出、日常消费支出和医疗支出显著影响农户消费信贷路径的选择。农户的消费信贷行为能够平滑农户的消费路径，改善其福利水平，相比于那些没有发生贷款的农户，消费性贷款能够显著提高农户的当期消费水平，这个数据大概为被调查地区农户日常消费水平平均值的20%。

最后结合全书研究结论给出了相关政策建议。

目 录

第1章 绪论 …………………………………………………… 1

  1.1 选题背景和意义 ………………………………………… 1

  1.2 研究目标与研究方法 …………………………………… 3

    1.2.1 研究目标 ………………………………………… 3

    1.2.2 研究方法 ………………………………………… 4

  1.3 本书的研究思路与研究内容 …………………………… 5

    1.3.1 研究思路 ………………………………………… 5

    1.3.2 研究内容 ………………………………………… 6

  1.4 创新点与不足 …………………………………………… 8

第2章 消费信贷理论的文献综述 ………………………… 11

  2.1 消费信贷概述 …………………………………………… 11

    2.1.1 消费信贷的含义 ………………………………… 12

    2.1.2 农户消费信贷的含义和特点 …………………… 14

    2.1.3 发展农村居民消费信贷的意义 ………………… 16

  2.2 消费信贷需求与供给的经济学理论 …………………… 18

    2.2.1 消费信贷需求的经济学 ………………………… 18

    2.2.2 消费信贷供给的经济学 ………………………… 24

  2.3 流动性约束、消费信贷与居民消费行为研究 ………… 28

    2.3.1 现代消费理论的发展 …………………………… 28

    2.3.2 国外研究综述 …………………………………… 34

    2.3.3 国内研究综述 …………………………………… 40

  2.4 本章小结 ………………………………………………… 46

第3章 基于宏观视角的农户消费信贷水平分析 …… 48

3.1 关于我国农村金融发展的进程分析 …… 48
3.1.1 我国农村金融体系的框架 …… 49
3.1.2 我国农村金融市场的需求和供给状况 …… 55
3.1.3 农村金融风险研究 …… 59

3.2 我国农户消费信贷水平的描述性统计分析 …… 62
3.2.1 农村居民消费现状分析 …… 62
3.2.2 农村居民消费信贷现状分析 …… 68

3.3 消费信贷在我国农村与城市地区发展差异的比较分析 …… 70
3.4 本章小结 …… 74

第4章 农户消费信贷约束及其影响 …… 75

4.1 引言 …… 75
4.1.1 我国农村的信贷配给现象 …… 76
4.1.2 文献回顾与评价 …… 77

4.2 农户消费信贷约束的计量分析 …… 79
4.2.1 样本数据来源 …… 79
4.2.2 变量选取和模型设定 …… 81

4.3 基于Halton序列的面板数据Biprobit模型估计 …… 85
4.3.1 引言 …… 85
4.3.2 模型构建及参数估计 …… 86
4.3.3 估计方法及数值模拟 …… 89
4.3.4 总结 …… 96

4.4 实证结果的分析和讨论 …… 97
4.4.1 农户参与消费信贷市场的影响因素分析 …… 98
4.4.2 农户遭受消费信贷配给程度的估计 …… 101

4.5 消费信贷约束的福利效应分析 …… 101
4.5.1 消费信贷约束对农户收入的影响 …… 102
4.5.2 消费信贷约束对农户消费支出的影响 …… 103

4.6 本章小结 …… 105

第5章 农户消费信贷路径偏好的影响因素及福利效应分析 ······ 107

5.1 引言及相关文献综述 ······ 107
5.2 样本数据、变量选取和模型设定 ······ 110
5.2.1 数据来源 ······ 110
5.2.2 借贷特征及变量的描述性统计分析 ······ 110
5.2.3 模型选取 ······ 115
5.3 实证结果分析 ······ 117
5.4 基于倾向评分匹配法的处理效应分析 ······ 118
5.5 本章小结 ······ 121

第6章 研究结论和政策建议 ······ 123

参考文献 ······ 130

后 记 ······ 141

第 1 章 绪 论

1.1 选题背景和意义

中国既是一个农业大国，也是一个农村人口众多的国家。多年来，"三农"问题一直备受关注，这从中央每年发出的一号文件中就可以看出。自 2004 年开始，各年度的中央一号文件虽然略有差异，但关于"三农"问题、关于农业发展问题的最多，其次是农村问题，最后是农民问题。2016 年 3 月，党的十八大通过了《国民经济和社会发展的第十三个五年规划纲要》（以下简称《纲要》），指出"十三五"时期将是我国全面建成小康社会最为关键的阶段，我们要在 2020 年完成小康社会的建设任务。同时，《纲要》也对"十三五"时期中的农村、农业工作进行了安排和部署，为今后的农村、农业工作指明了道路和方向。紧接着，2016 年的中央一号文件紧紧围绕"十三五"规划纲要，要求加快农业迈向现代化的步伐，促进农民收入水平的稳步提升，为农村居民的小康社会进程创造积极的条件。2017 年 2 月 5 日，新华社播发了《中共中央、国务院关于深入推进农业供给侧结构性改革加快培育农业农村发展新动能的若干意见》。2017 年的中央一号文件继续聚焦"三农"，把推进农业供给侧的结构性改革作为主要议题和重要内容。相比 2016 年的中央一号文件，2017 年的中央一号文件特别强调了金融机构要能够通过互联网的使用进行创新和发展，同时农村地区还应该在金融立法方面进行加强，不但要建立相关金融立法，而且要完善对应的金融法律和法规体系，不单要在政府的鼓励下开展农村金融工作，金融机构更应该自觉主动地以"三农"领域为重要内容，通过开展相关的创新金融模式来服务"三农"。从这些顶层设计中可以看出"三农"问题在改革全局中所扮演的重要角色,中央政府不断提高财政资金的使用效率,调动更多的社会资金、金融资本投向"三农"。农村经济的转型和农村社会的快速发展,加快了农村金融服务供需模式的转变,也为农村金融服务的创新提供了可能。

回顾改革开放40多年的成果,中国经济年均增速曾一度保持两位数的纪录,举世瞩目。但为了服从工业化的发展战略,在国民收入的分配中,我国长期重积累而轻消费。20世纪80年代以来,我国消费占GDP的比重一直在50%以下徘徊,2009年甚至降至35.6%,国民经济中的长期投资偏好导致了内需不足和经济结构严重失调,阻碍着经济的进一步发展。毫无疑问,农户消费水平的提升已经成为我国经济长期增长强有力的驱动力,提高农户的消费能力是我国扩大内需的必然选择。截至2013年底,我国农村人口达6.3亿,这是一个潜力巨大的消费市场和金融市场。但我国农村消费市场的症结在于农民的收入水平低、储蓄率高,而其中一个重要的影响因素就是农村的消费信贷发展水平较低,农民可以使用的资金受限。随着小康社会建设进程的推进,城乡一体化和城镇化进程加快,农户的收入水平和消费水平相应增加,农户对消费信贷的需求也会增加。

大量理论研究和经验分析的成果表明:为农户提供消费信贷,不仅增加了农户的消费支出,平滑了农户跨时期的消费水平,而且相应地,农户为了偿还相关的消费性贷款,会通过劳动获取更多的收入。从这一层面而言,消费信贷的存在在某种程度上提高了农户的收入水平,并且使收入和消费始终处于一个良性循环的系统中,相互促进。消费信贷在我国的起步比较晚,发展至今也不过20年的历史。在广袤的农村地区,落后的金融生态环境、基础设施薄弱是不争的事实,而且农村人口居住分散,交易数量和交易额都小,金融机构的收益相对较低,所以金融机构不愿在这些地区设立分支。于农户自身而言,低收入水平是影响农户消费能力和消费信心的主要因素。受传统的"量入为出"消费观念的影响,农户不愿意"寅吃卯粮",提前消费,他们对于金融政策、金融信息的了解甚少,加之缺少合适的抵押资产,而且又受限于合适的农户消费信贷品种和不了解相关的消费信贷政策,因此,农户很少参与消费信贷市场,消费信贷对于农户而言还是个新兴事物,这就使得农村消费信贷市场的发展水平低下,也导致了农户参与消费信贷市场的程度很低。

国内有很多学者对家庭或个人的消费信贷问题进行了广泛的研究,也积累了很多研究文献，但是他们的研究对象主要局限于城镇居民，对我国农户消费信贷问题进行系统性研究的文章还非常少，由于受到调查数据和计量方法的制约，对这类问题进行定量分析的研究几乎没有。因此，采用宏观和微观调查数据，结合计量经济学模型对我国农户消费信贷问题进行定量分析就显得意义重大。相关的理论研究不仅可以丰富计量经济学的估计方法，对于构建符合我国农户消费、投资和借贷行为的农村金融理论框架和管理模式也具有重要的意义。同时，定量分析的结果也具有重大的现实意义，有助于我们了解农村金融市场运行的效率，为政府和农村金融部门的改革决策提供应用基础研究，探索发展农村消费信贷的路径，为普惠金融体系的建立提供理论指导和具有参考价值的研究成果。

1.2 研究目标与研究方法

1.2.1 研究目标

关于我国农户消费信贷问题的研究是一个庞大的系统，对其中的每一个分支都进行研究是不可能的。由于我国农村消费信贷发展的历史很短，积累的宏观数据也比较少，而微观数据只能通过入户调查的方法获得，所以本书将围绕农户消费信贷问题中的三个主要方面展开研究：

第一，利用宏观经济数据，从分析农村居民的消费水平及消费结构现状入手，以此为基础用数据来说明我国农村地区消费信贷的发展水平，结合目前我国整体消费信贷发展的状况，对两者加以比较分析。

第二，现实中，由于逆向选择、道德风险、金融管制以及市场垄断等原因，即使支付更高的利率水平，农户的信贷需求仍得不到满足，信贷市场往往无法达到均衡，这就出现了信贷约束。农村金融的基础在于农户，本书将采用现有的农户家庭微观调查数据，从供给和需求两方面对我国农户消费信贷的影响因素进行分析，对我国农户遭受消费信贷约束的不同程度进行估计。更进一步地，本书还将定量分析消费信贷约束对农户日常消费支出和纯收入的影响程度，回答消费信贷是否真的能够改善农户的福利水平这类问题，通过丰富的数据对我国农户的消费信贷情况进行研究。

第三，一直以来，我国农村金融体系的构成形式具有二元结构的特点，既有正规金融组织的存在，也有非正规金融组织的存在。总体来看，在我国的金融体系构成中，正式的金融组织占据了绝大多数的份额，是整个金融系统中最重要的组成部分。但即便如此，现行的金融组织却难以满足6亿多农户多样化的资金需求。由于农户缺乏抵押品，收入波动较大，正规金融机构往往不愿意为他们提供生活性借款需求；同时，由于金融知识的缺乏，加上受限于教育水平，农户在生产生活中需要借款时，认为正规金融机构的程序麻烦，因此多数会选择民间借贷。缺乏金融服务严重地制约了"三农"的正常发展，二元金融结构加剧了二元经济与二元社会的矛盾。那么，究竟是哪些因素影响了农户的借贷行为？农户消费性信贷的主要用途是怎样的？他们偏好的贷款特征是什么样的？哪些因素影响了农户消费性融资渠道的选择？这些都是本书需要解决的问题。

1.2.2 研究方法

本书主要对我国农户消费信贷问题中的三个方面进行了研究，除了理论分析，更多的是通过实证分析的方法进行定量研究。本书采用的主要研究手段和方法有以下几种：

第一，理论阐述、分析与实证研究相结合。首先在对现代消费理论、消费信贷需求和供给的经济学理论、信贷配给理论进行阐述和分析的基础上，对流动性约束和消费信贷以及由此而导致的家庭或个人消费行为所发生的变化及三者之间的相互关系进行分析和讨论。考虑到我国经济发展过程中具有明显的二元结构特性，也考虑到我国农村金融发展的特点，在全面分析我国农村居民消费行为特点的基础上，利用微观面板调查数据，对农户消费信贷配给的影响因素、程度及其对农户福利水平的影响进行实证分析；同时，利用农户家庭微观调查数据，对农户消费性融资行为的影响因素及农户消费性贷款、融资路径的选择偏好进行了定量研究。

第二，数值分析与计算机模拟相结合的方法。从供给和需求的层面分析农户消费信贷的影响因素时，采用了基于面板数据的Biprobit模型，其参数估计涉及复杂的迭代运算过程，在理论上是没有解析解的。本书采用的是七年的面板数据，总样本量达到了5900多将近6000，如此大的样本容量虽然为实证研究提供了极其丰富的数据信息,但同时也增加了建模过程中的计算量,无形中增加了模型的复杂程度。因此,在该模型的参数估计过程中,本书对极大似然函数进行了模拟计算,结合非线性最优化的数值分析方法,采用基于Halton序列的模拟极大似然估计法来估计参数。

第三,微观层面的研究与宏观层面的研究互为补充。由于受到数据资源的限制,对农户消费信贷问题进行定量研究的文献还很少。本书除了从微观层面研究农户消费信贷约束的影响因素、消费信贷对农户家庭福利水平的影响、农户消费性融资渠道偏好的影响因素之外,还利用宏观加总时间序列数据,采用描述性统计的分析方法以及对比分析的方法,对我国农村居民的消费水平、消费现状以及消费结构进行分析,在此基础上分析我国农村居民消费信贷的发展水平,并与城市居民消费信贷的发展进行比较研究。

1.3　本书的研究思路与研究内容

1.3.1　研究思路

本书以现代消费理论、消费信贷需求和供给的经济学理论、信贷配给理论为研究基础,结合我国农村金融体系的特点以及农村居民现在的消费水平和消费状况,以理论陈述为基础,定性分析为辅助手段,通过复杂的数值模拟的方法进行定量研究,对当前我国农户个人的消费信贷以及农村居民家庭消费信贷中的几个热点问题开展了研究,其结果为日后我国发展农村消费信贷市场的方向和路径提供了参考意见。更为详细地,本书用数据说话,使用宏观经济统计数据对我国农村居民的消费水平进行了描述性统计分析,并且分析了农户当前的消费结构,对农村居民目前消费信贷发展的水平进行了评价,然后采用大型微观面板调查数据,从供给和需求的角度,对调查周期内样本农户消费信贷影响因素及消费信贷配给的程度进行了估计,定量分析了消费信贷对于农户福利水平的影响。此外,本书结合我国现有农村正规金融机构和非正规金融机构的组织构成,对农户消费性融资行为的特征、借款的偏好以及影响因素进行了分析,最后结合全书的分析结论提出普惠金融背景下我国农村消费信贷发展的政策建议。全书的技术路线图如图 1-1 所示。

```
我国农户消费信贷问题研究
├── 绪论 ── 研究背景、研究意义
├── 理论基础
│   ├── 消费信贷需求和供给的经济学
│   └── 文献综述
│       ├── 现代消费理论的发展
│       └── 流动性约束、消费信贷与居民消费行为研究
├── 实证研究
│   ├── 宏观层面
│   │   ├── 我国农村居民消费信贷现状
│   │   └── 农村居民与城镇居民消费信贷对比研究
│   └── 微观层面
│       ├── 农户消费信贷约束及其影响
│       └── 农户消费性融资意愿偏好及其影响
└── 研究结论和政策建议
```

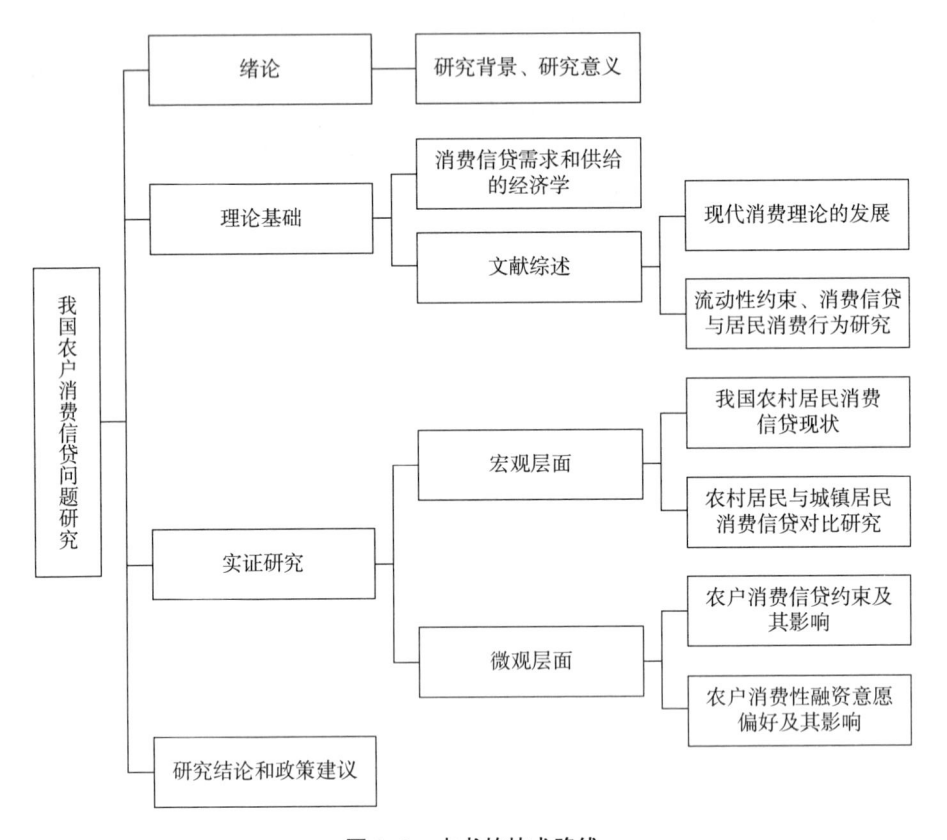

图 1-1 本书的技术路线

1.3.2 研究内容

全书共分 6 章,第 1 章是绪论,第 2 章、第 3 章是全书分析的基础,第 4 章、第 5 章是全书的实证分析部分,第 6 章是研究结论和政策建议。

第 1 章:绪论。本章主要对本书所研究问题的背景和意义进行阐述,规划了全书的研究目标、研究内容和研究框架,对本书的创新点以及不足

之处分别进行了说明。

第2章：消费信贷理论的文献综述。本章是全文的理论基础，在对消费信贷以及农户消费信贷概念界定的基础上，对消费信贷需求与供给的经济学理论进行了阐述。以现代消费理论为基础，对流动性约束、消费信贷与居民消费行为的国内外相关研究进行了论述，并对其进行了简要的评价。

第3章：基于宏观视角的农户消费信贷水平分析。本章立足宏观层面，首先对我国农村金融体系的框架进行了陈述，结合我国"三农"的实际特征，采用宏观经济数据，对我国农村金融需求和供给的情况进行了分析，并简明扼要地分析了农村金融风险成因及应对措施；其次采用大量宏观经济统计数据对我国农村居民的消费现状、消费信贷现状进行了描述性统计分析，并对我国农村与城镇居民消费信贷发展水平进行了比较研究。

第4章：农户消费信贷约束及其影响。本章立足微观层面，是全书实证分析的重要内容。信贷配给在我国农村普遍存在，但对其进行定量分析的文章还非常少，这主要是受限于高质量微观调查数据和计量模型的参数估计。本章采用我国农户大样本微观面板调查数据，以消费信贷需求和供给的经济学理论为基础，使用面板数据 Biprobit 模型对我国农户消费信贷配给的影响因素进行了分析，对信贷配给的程度进行了估计，并对消费信贷配给对农户收入和消费水平的影响进行了定量分析。用于估计农户消费信贷影响因素和配给程度的面板数据 Biprobit 模型，其参数估计涉及复杂的迭代运算过程，在理论上是没有解析解的。本章对该问题进行了研究，采用基于 Halton 序列的模拟极大似然法估计模型，通过数值模拟的方法验证了算法的可行性，并且给出了相应的 Stata 程序，发展了这类模型的参数估计方法。最后，本章对我国农户的消费信贷配给现象进行了总结，并给出了相应的政策建议。

第5章：农户消费信贷路径偏好的影响因素及福利效应分析。本章是全书实证分析的另一主要内容。正规金融机构和非正规金融机构并存是我国农村金融体系构成的主要特点。农村地处偏远，交通不便，农户又受限于自身条件，抵押品不足，收入不稳定，金融意识淡薄。非正规金融机构，特别是亲戚朋友处的借款，一般都是无息贷款或者抵押要求较少，往往成为农户借贷的首选渠道。本章利用 2018 年来自我国五个省份共 1323 个农户的调查数据，使用有序 Probit 模型，对农户消费性借贷的方式，选择借款渠道时的意愿、喜好以及相关的影响因素进行了分析，最后通过倾向评分匹配法对消费信贷影响农户消费支出的程度进行了定量估计。

第6章：研究结论和政策建议。本章根据全书的研究内容，对研究结论进行了总结，并且依据实证分析的结果，对我国农村消费信贷未来的发展给出了相关政策建议。

1.4 创新点与不足

本书的创新点主要体现在以下三个方面：

第一，基于研究视角和研究对象的创新。学者对于我国居民消费信贷的研究主要存在三点不足：一是研究城镇居民的占据了绝大多数，专门研究农村居民的很少；二是这些研究多是定性分析，缺乏精确量化的实证研究，尤其是采用微观调查数据对农户消费信贷进行定量研究的文章几乎没有；三是提出发展农村消费信贷供给规模多是基于主观想法，而非建立在可靠的理论依据之上。针对这些问题，本书既从宏观视角对我国农村居民消费信贷的发展现状进行分析，同时又基于微观层面，以农户为研究主体，充分考虑微观主体的行为特征，采用规范的计量经济学实证研究的方法，从供给和需求两个方面定量分析影响农户消费信贷的因素，对农户消费性融资行为的特征进行深入细致的阐述，对农户消费信贷行为的福利效应进行评价。本书对我国农户消费信贷问题进行比较深入系统的研究，不仅丰富了我国农村金融的相关理论，在一定程度上也填补了国内研究在该领域内的不足。

第二，关于农户消费信贷配给程度的定量估计中，主要创新有两点：一是研究方法的创新。国内外许多学者在对农户遭受信贷配给的程度进行估计时，存在两个缺陷：①只考虑了完全信贷配给的情况，没有考虑部分配给，低估了农户信贷配给的程度；②采用截面数据，结果的稳健性较差。本书基于微观面板数据模型估计农户遭受消费信贷约束的程度及其对农户消费支出和收入的影响，既考虑了完全配给，又考虑了部分配给，同时控制了"个体异质性"的影响，并反映了消费信贷约束影响的动态特征。二是发展了现有参数估计方法。在使用面板数据 Biprobit 模型估计农户消费信贷的影响因素时，设定供给方程和需求方程中"个体异质性"的联合分布服从二元正态分布，而不是服从支撑点上的二元离散分布，发展了现有研究文献。但该模型的参数估计过程涉及复杂的迭代运算，在理论上是没有解析解的。本书第4章对该问题进行了详细研究，采用基于Halton序列的模拟极大似然法估计模型，通过数值模拟的方法验证了算法的可行性，并且给出了相应的Stata程序，提高了参数估计的精度，解决了面板数据Biprobit模型的参数估计问题。

第三，农户消费信贷路径偏好的影响因素分析部分基于研究内容的创新。此类文献大多侧重于研究农户借贷行为的影响因素分析，对农户融资特征与偏好的梳理不够清晰，对融资路径偏好讨论的焦点为正规渠道和非正规渠道的选择，而缺少对这些金融机构的细分，这对于研究我国农村金融体系发展的动因是不利的。此外，这些研究多是基于某个具体省份的调研数据进行实证分析，多省份及全国的样本还比较缺乏。本书第5章采用2018年来自全国五省份的调查数据，对农户意愿借款的渠道进行详细的划分，基于全国五省份的样本具有更好的代表性；在问卷中设计了意愿调查部分，从农户视角及农户自身对正规金融机构和非正规金融机构的认知程度考察农户的融资意愿，对于研究我国农村消费信贷的发展具有较强的理论和实证价值。

全书不足之处主要有以下两点：

第一，农户消费信贷问题的研究是现实性很强的问题，并且在农村经济快速发展变化中不断发生变化。农户信贷是农村金融的重要组成部分，也是农村经济的核心。农户兼有生产者与消费者的双重身份，实际中很难将生产性信贷与消费性信贷分离开来。关于农户消费信贷的研究涉及很多方面，它是农村金融理论中一个综合的系统工程和研究主题，本书主要采用微观数据对我国农户消费信贷配给的程度、消费信贷配给的福利效应、农户消费性融资行为的特征、融资路径的选择偏好进行了定量分析。但是，全书缺乏整体的理论分析框架，只是对农户消费信贷问题的几个主要方面进行了局部分析，在系统性和逻辑性上还有所欠缺。同时，由于受限于调查指标，对于农户储蓄行为、农户的信用状况等未能进行考察，对于农户消费金融风险的研究只能停留在政策建议层面，没有具体的案例分析或未能通过计量模型进行定量分析。

第二，我国农村消费信贷起步晚，相关的宏观数据积累较少，而微观数据主要通过入户调查的方式获得，需要较长的调查周期和较高的调查成本。本书第 4 章所用的农户微观面板数据库是农业部农村固定观测点的数据，通过购买的方式获得，后续数据需要对固定农户进行连续追踪调查，所以无法自己补充调查。由于数据非常昂贵，而我们的研究经费有限，没有实力继续购买更多年份和省份的调查数据，数据更新的不足可能会降低本章所提政策和建议的有效性和适时性。此外，如果相关微观调查数据可得，那么关于农户对农村正规金融机构和非正规金融中介信贷违约的主要影响因素的分析，农村正式金融机构对农户收入水平和经济发展的影响，非正规金融机构市场上借贷活动各个环节所发生的成本的计量及其对农户收入和消费与投资行为的影响等，都是后续可以继续深入研究的问题。

第 2 章 消费信贷理论的文献综述

2.1 消费信贷概述

消费信贷在我国是一个比较新鲜的事物，它在我国大致产生于20世纪80年代，发展至今也不过三十几年的历史。亚洲金融危机爆发后，为了将传统的投资、出口拉动型经济增长方式转变为扩大内需型，并及时促进经济结构的调整，政府相继出台了一系列的相关政策，消费信贷得以逐渐成长和发展。1995年，中国人民银行发布了《商业银行自营住房贷款管理暂行办法》，标志着我国个人住房贷款业务的诞生。1998年，中国人民银行先后发布了《个人住房贷款管理办法》《汽车消费贷款管理办法》。属于比较全面、正式的有关消费信贷的官方文件应该是1999年中国人民银行下发的《关于开展个人消费信贷的指导意见》，意见指出，不但要增加消费性贷款的投放数量，而且要增添相关的消费信贷产品的种类，在助学、耐用品的购买以及旅游观光等方面设立相应的消费贷款产品，供消费者使用，方便消费者在这些方面的消费支出。就这样，消费信贷这个新兴事物开始在我国逐步发展起来。

我国的经济发展具有典型的"二元结构"特征，正式金融机构的消费信贷业务主要服务于城镇居民，消费信贷业务在农村的发展速度远远落后于城市。在广袤的农村地区，由于信息不对称所导致的道德风险和逆向选择，加之受传统消费观念和低收入流、高预期支出的影响，正式金融机构对消费信贷的供给和农户对消费信贷的需求意愿都很低，使得我国国民经济结构长期以来呈畸形发展。另外，我国农村居民又有自身的特性，使农村居民的消费信贷在很大程度上区别于城镇居民的消费信贷，因而有必要在一般消费信贷概念的基础上对我国农村居民的消费信贷做进一步研究。

2.1.1 消费信贷的含义

一直以来，学术界关于消费信贷（Consumer Credit）没有一个统一的定义，而且由于所处国家在经济体制、统计口径及法律制度等方面的差异，实践中消费信贷的具体含义也是不尽相同的。消费信贷最早起源于西方国家，美国就是其中最先使用消费信贷的国家之一，20世纪初美国就普遍流行消费信贷这种超前的消费方式。从美国商业银行的规定来看，美国消费信贷产品基本上可以分为如下几类：个人贷款数额、个人用于资金转借的贷款、无抵押品的个人贷款、用于房屋修整的贷款、用于耐用品购买的贷款、用于购买汽车的贷款以及学生使用的贷款等，而且西方国家绝大多数消费信贷产品都可以按照上述分类进行划分。需要注意的是，在西方国家的消费信贷范畴中，个人住房消费贷款是不包括在内的，一般对个人住房消费贷款另外进行统计。

消费信贷在我国还属于新兴事物，起步晚，发展历史短。一直以来，关于消费信贷没有一个明确的定义。中国人民银行在"中国消费信贷发展报告"（2002）中给出了一个比较权威的定义，认为消费信贷是一种信贷方式和信贷服务，消费者利用从金融机构申请到的信贷资金进行消费，满足消费者自身的消费需求，其根本目的在于提高消费者当期消费水平，刺激居民的消费。金融机构根据消费者自身的情况为消费者提供购买特定商品的相应数额的借款，家庭或个人未来的收入被作为借款的担保。也有学者将消费信贷置于消费金融的框架中进行定义，通俗地讲，可以将消费信贷看作消费金融的一个分支和一部分，它是指金融机构向消费者提供的借贷产品和服务，用以帮助消费者购买日常消费品、大件耐用消费品、汽车等，其主要目的在于提高消费者的福利。《关于进一步加强信贷结构调整促进国民经济平稳较快发展的指导意见》（以下简称《指导意见》）是2009年中国人民银行与银监会联合发布的，其中指出：要"有针对性地培育和巩固消费信贷增长点，集中推进汽车、住房、家电、教育、旅游等与民生密切相关的产业的信贷消费"。从《指导意见》中可以看出，与西方国家相比，我国的"消费信贷"品种是包括了个人住房消费贷款在内的。结合中央银行发布的各项政策文件以及我国居民消费的实际特点，本书界定的消费信贷的概念中,除了包含常见的消费信贷品种外,区别于西方国家,还包含了家庭或个人使用的住房性消费贷款。

消费信贷在我国的发展历程大致经历了试点探索、恢复成长和发展调整三个阶段。1997年亚洲金融危机爆发以来,由于受到金融危机的影响,在我国出口严重下滑的情况下,为了扩大内需、刺激消费,政府鼓励商业银行开展消费信贷业务,消费信贷开始成为真正的商业贷款品种。随后,在国家政策的大力培育、扶持下,消费信贷的发展速度逐步加快,总量不断上升,规模迅速扩大。但是,不能单纯地因为消费信贷可以促进消费水平的提高就一味盲目地扩大消费信贷的规模,不考虑其潜在的风险,消费信贷市场应该在法律法规的正确引导下有条不紊、健康平稳地发展,服务于我国的市场经济。为了预防潜在的金融风险,国家又适时出台了一系列政策和文件,对消费信贷市场进行宏观调控。几经调整,到目前为止,我国消费信贷市场已经初具规模,消费信贷的品种也在不断完善,初步形成了多样化、多层次的消费信贷产品体系。1997~2016年我国消费信贷的总量如表2-1所示。

表2-1 1997~2016年我国消费信贷总量　　　单位:亿元,%

年份	消费信贷规模	占当年GDP比重	同比增长
1997	172.00	0.22	—
1998	456.00	0.54	165.12
1999	1408.00	1.55	208.77
2000	4265.00	4.25	202.91
2001	6990.00	6.31	63.89
2002	10669.00	8.77	52.63
2003	15736.00	11.45	47.49
2004	19881.10	12.28	26.34
2005	21944.81	11.72	10.38
2006	24059.82	10.96	9.64
2007	32751.41	12.12	36.12
2008	37234.85	11.65	13.69
2009	55366.05	15.86	48.69
2010	75107.68	18.18	35.66

续表

年份	消费信贷规模	占当年 GDP 比重	同比增长
2011	88777.85	18.14	18.20
2012	104439.40	19.33	17.64
2013	129819.01	21.81	24.30
2014	153759.45	23.88	18.44
2015	189617.31	27.52	23.32
2016	250584.96	33.68	32.15

资料来源：Wind 资讯。

总体来看，我国消费信贷的规模在不断扩大，占当年 GDP 的比重也在逐年上升。截至 2016 年底，我国住户消费信贷总量达到了 250584.96 亿元，比 2015 年增加了 32.15%，占 2016 年全年 GDP 总量的 33.68%。从表 2-1 中还可以看出，我国消费信贷的增长波动与国家出台的各项调控政策是紧密联系在一起的。

2.1.2 农户消费信贷的含义和特点

我国地域辽阔，不同地区经济发展水平差异较大。"城乡两极分化"是我国经济发展进程中的典型特征。相对应地，消费信贷在我国的发展也具有显著的"二元结构"特征。长期以来，我国消费信贷服务的主要对象是城镇居民，农村居民很少使用消费信贷这种超前的消费工具，这导致了我国农村消费信贷市场的发展始终在非常低的水平上徘徊。由于农村金融活动的区域分布较为广泛，因而农村金融市场具有高度的分散性和分割性；农村地区经济文化发展水平均落后于城市地区；农业生产具有季节性，生产周期长，易受自然灾害的影响，加大了农民收入的不稳定性和波动性，导致农民资金周转的周期变长。这些都使得农村金融活动与季节变化相关，给农村金融活动的管理带来了困难，进而增加了农村金融机构开展信贷业务时所面临的风险。考虑到农村金融所具有的种种特殊性，在农村地区开展消费信贷业务，除了在经营方式上要区别于城镇居民消费信贷业务外，还应该从农村消费信贷产品的种类和农村消费信贷风险的防范等方面进行创新。

第2章 消费信贷理论的文献综述

农户消费信贷是相对于城镇居民消费信贷而言的一个概念，按照中国人民银行的《涉农贷款专项统计制度》中规定的内容，农户花费于满足自身衣食住行及教育和医疗等方面的费用支出活动，构成了农户的日常消费行为，而农户向金融机构申请的用于满足上述需求的借款就属于农户消费信贷的范围，比较常见的面向农户的消费信贷品种有用于助学性质的借款、用于自建房屋的贷款以及医疗贷款等。近些年来，虽然我国农村消费信贷市场有了一定发展，但是农村消费信贷的增量明显小于城市，农村消费信贷市场的发展速度仍然十分缓慢。农户收入水平长期偏低且不稳定，农村的社会保障体系不够完善，导致农户更愿意把钱存起来，降低了农户的消费水平；大多数农民观念陈旧，他们深受"量入为出，未雨绸缪"消费观念的影响，甚少举债消费或超前消费。与此同时，国有商业银行大批量退出农村金融市场导致农村消费信贷的供给越发缺乏，农村金融机构对相关金融知识、金融法规和农村消费信贷的宣传力度远远不够，加之农村地区关于消费信贷的有关立法又很匮乏，这些影响因素都在不同程度地阻滞着农村地区消费信贷的进一步发展。2007~2013年我国农户消费信贷总额和占比如图2-1所示，从中可以看出，虽然这些年农户消费信贷的总额一直在不断上升，但它占我国居民消费信贷总额的比例却很低，以2013年

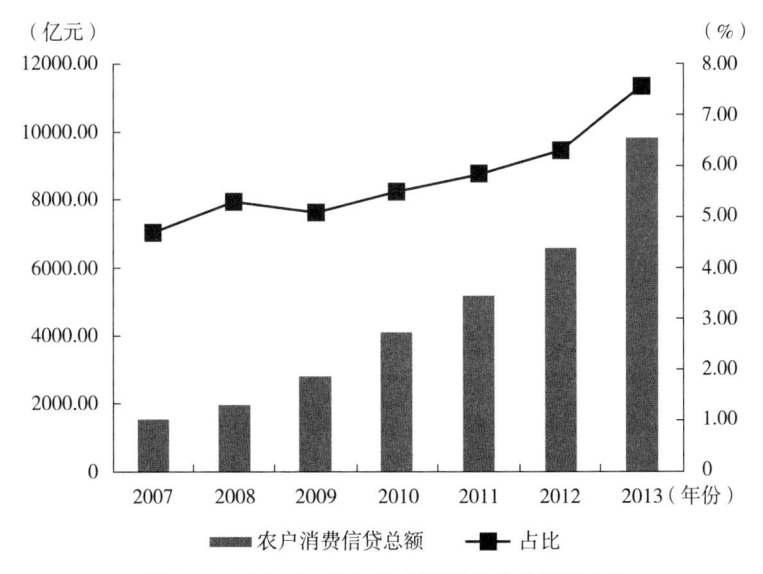

图2-1　2007~2013年农户消费信贷总额和占比

资料来源：Wind资讯。

为例，2013年底农户消费信贷总额为9828亿元，但其只占当年居民消费信贷总额的7.57%。由此看来，我国农村的消费信贷市场还远未被开发，仍蕴藏着很大的发展潜力。

2.1.3 发展农村居民消费信贷的意义

长期以来，在国民收入的分配中，我国居民都重积累而轻消费，居民储蓄率长期居高不下，国民经济中长期的投资偏好导致了有效内需严重不足和经济结构的失衡，极大地制约了国民经济增长的良性循环。投资和出口的拉动效应陷入了瓶颈期，中国政府一直在寻找撬动内需的政策着力点，消费成为促进经济增长的重要推动力。到2013年底，我国的农村人口大约是6.3亿，随着农村经济的进一步发展和农民收入水平的提高，农村消费市场长期被抑制的消费潜力和动力被逐步释放，从而形成一个潜力巨大的消费市场。如此一来，对于目前我国消费市场疲软的情形而言，重点关注农村居民的消费市场就显得非常重要了。研究文献和实践经验都指出，提供消费信贷给农户，不仅可以缓解农户的流动性约束，帮助他们实现跨期消费，而且可以增加农户的消费支出，农户出于偿还贷款的考虑，就会努力提高自身收入水平，那么农户的收入水平和消费水平就会互相促进。发展农村居民的消费信贷是刺激我国内需和促进国民经济增长非常重要的途径之一，在目前宏观经济运行的大背景下对农户消费信贷的相关问题开展研究也具有非常重要的现实意义。

消费信贷是一种金融服务，贷款消费是一种提前进行消费的方式，在现有资金不充足的情况下，家庭或个人可以通过借款来满足当下的消费需求。消费信贷能够促进消费水平的提高，在刺激居民消费、扩大国家内需中有着不可替代的重要作用。从世界上发达国家的农村现代化的发展经验中可以发现一个共同点，这些国家都不约而同地在农村经济发展到一定水平的时候，广泛地开展了面向农村和农民的消费信贷业务，帮助农民实现当下的消费愿望，也促使他们的收入水平得到提升，更为重要的是，推动了农村经济向前发展。具体地，农村居民消费信贷业务的实行可以有效提升农户的当期消费水平，而农户为了偿还消费信贷，又会进一步提高自身的收入水平，这样一来，就促使收入与消费处于良性循环中。截至2016年底，我国的乡村人口数目依然有58973万人，乡村人口占我国总人口的比重达到了42.65%，相比于2013年，相关数据有所下降，一部分原因是伴随着城镇化进程的加速，部分农民离开了农村转移到了城镇，但农村人口的数目仍然十分庞大，对于目前我国整体消费水平偏低的情况而言，农村居民的消费市场无疑是消费领域中应该加大力气开发的一块"沃土"，在农村地区有效开展并推广消费信贷业务，对于农民消费水平的提升具有重要的推动作用。

从政策层面来看，我国政府也陆续颁布了一系列文件，鼓励、支持和逐步规范消费信贷在农村地区的运行和发展。《国家及各地区国民经济和社会发展"十二五"规划纲要》明确指出："建立扩大需求的长效机制，把扩大消费需求作为扩大内需的战略重点，进一步释放城乡居民的消费潜力，逐步使我国国内市场总体规模位居世界前列。"2009年的中央一号文件也要求"积极扩大农村消费信贷市场"，2010年的中央一号文件则进一步指出"鼓励农村金融机构对农民建房、购买汽车和家电等提供消费信贷，加大对兴办农家店的信贷投放"。显然，2009年和2010年的中央一号文件都在强调消费信贷对于促进消费水平提升的积极作用，从政策层面支持和鼓励消费信贷在农村地区的发展，鼓励农民采用消费性贷款的方式提前进行将来的消费，文件还要求加大对农村地区消费性贷款的投放数额。中央一号文件的发布促进了我国农村地区消费信贷的进一步发展。2013年，国务院又出台了《关于金融支持经济结构调整和转型升级的指导意见》，在这份意见中，消费金融的重要性被一再强调，而且要求通过消费金融的发展来进一步促进居民消费结构的转型和升级。2016年3月，全国人民代表大会通过了《国民经济和社会发展第十三个五年规划纲要》，根据这份纲要的内容，接下来的五年将是我国全面建设小康社会的攻坚阶段，到2020年要实现小康社会的建设目标，并且为"十三五"时期我国农村和农业工作的道路和格局进行了详细的规划和部署，确保农村居民和城市居民一同迈入小康社会的新阶段。2016年中央一号文件明确指出，要落实"创新、协调、绿色、共享、开放"五大发展新理念，加快实现农业现代化。为实现规划目标和落实上述理念，迫切需要农村金融服务体系的支持。在经济发展新常态的背景下，如何加大对"三农"的信贷支持力度同时又有效规避风险？在农村金融供给结构调整、金融服务多元化的背景下，如何实现各种金融服务的有效协同？在农村金融需求具有大幅提升的背景下，如何使农村金融服务的效率和水平都得到提升？等等。这些都是当前我国农村金融发展进程中面临的种种难题。

现代经济的核心自然是金融，城市金融和农村金融是我国金融体系的二元构成，这个体系中最为脆弱的一环显然还是农村的金融系统。2017年中央一号文件用较大的篇幅要求加快农村金融创新，鼓励金融机构探索开展"三农"领域内的创新金融模式，并且要求与农业供给侧改革对接，金融机构除了要提升自身的供给能力，进行金融创新之外，还要为农业供给侧改革提供支持服务，而农业供给侧的结构性改革又反过来对农村金融的创新产生促进作用，二者之间紧密联系，互相推动。但是，由于受到我国农村人口人均收入偏低，金融服务需求意愿淡薄，法律法规不健全等因素的影响，我国农村消费市场在农民低收入水平和农村低消费信贷水平的双重约束下，农村居民可自由支配的现金十分有限，无法实现产业增收和平滑消费，消费信贷在我国农村地区的发展极为缓慢。为了服从工业化和城镇化的发展战略，大量农村资金被源源不断地导向国家工业和城市，农村金融受抑制的程度还非常严重。二元金融结构抑制了农村经济的发展，是农业发展和农民增收的瓶颈，同时也加剧了我国二元经济和二元社会结构的矛盾。

农村消费信贷作为农村金融体系的重要组成部分，它在我国农村地区的推广和发展、关于农村地区消费信贷相关产业政策的制定与实施等都是我国农村金融体系深化改革的重要内容。同时，农村消费信贷的发展对于农村地区金融服务效能的提升，以及金融服务于"三农"的创新机制的建立都具有重要意义。此外，它对实现我国国民经济的可持续、健康、快速发展也具有重要的理论意义和现实意义。

2.2 消费信贷需求与供给的经济学理论

2.2.1 消费信贷需求的经济学

一些主流观点基于道德层面反对家庭或个人负债，但事实上家庭或个人的借贷与储蓄一样，对家庭及个人都具有重要意义。当家庭或个人需要平滑其收入却无法借贷或负债时,消费模式就会陷入窘境。Modigliani 和 Brumberg 的生命周期假说的主要含义就是指个人为了老年时期而进行的储蓄,其主要目的在于平滑消费行为。个人劳动收入必然会伴随着年龄的增长而下降,对于年轻人而言,他们提高个人劳动收入的预期使借贷变得更为合理。特别是那些刚刚成立的家庭,尚处个人生命周期的早期阶段,这些家庭对于耐用品的消费需求水平往往会超过当期劳动收入或家庭积累的资产价值。

为实现一个更为合理的消费模式或家庭购物目标而通过借贷的方式筹措资金,从经济学的角度来看是非常合理的,而且在当今社会也非常流行。但在早些时期,负债是不被赞成的,从经济学的视角来看,对于负债的否定被归因于市场的失灵,不良的还款机制使负债不再是明智之举。早在1600年前的英国,几乎没有地主愿意把他们的土地或者财产抵押出去,因为一旦违约发生,他们将失去全部抵押物品,并且还需要收集金银块再通过马车护送到伦敦。若仅仅是因为天气不好或者偷盗的原因导致违约,借债就会被认为是"蛮干"的行为或者是"道德悖逆",但在17世纪20年代,抵押借贷大肆盛行,法庭反而减少了对于违约的处罚。

2.2.1.1 消费者行为模型

现代经济学中关于消费者行为模型的研究主要来自 Deaton 和 Attanasio 的研究文献。根据持久收入假说,收入和消费的差异主要来自关于未来收入不可预测性的前瞻性考虑,也就是说在生命周期的不同阶段,考虑跨期预算约束的情况下,家庭会选择最优消费水平 c 以实现整个生命周期内的效用最大化:

$$\max E_t \sum_{j=0}^{T} \beta^j \mu(c_{t+j}) \quad (2-1)$$

$$\text{s.t.} \ A_{t+1} = (1 + r_{t+1})(A_t + y_t - c_t)$$

其中,T 代表规划周期,可以为无限;E_t 表示基于 t 时期的信息集的条件数学期望;$\beta = 1/(1+\delta)$ 是消费者的折现因子,δ 是主观折现率;A 代表财富水平;y_t 是 t 时期的劳动收入;r_t 表示资产收益率。约束条件代表了家庭的财富进化过程,表明下期财富水平应该等于当期财富水平与收入的和,再减去当期消费。模型(2-1)的最优解满足欧拉方程,其表达式如下:

$$u'(c_t) = E_t u'(c_{t+1})[(1+r_{t+1})/(1+\delta)] \quad (2-2)$$

如果消费波动导致福利水平下降，边际效用函数 $u'(\ )$ 就是关于消费的递减函数，最优化意味着 $t+1$ 时期的边际效用只与"品位"和利率有关，与 t 时期或者更早之前的任何可预知的事物无关，如现期或者过去的收入水平。如果边际效用函数关于消费是线性的或者近似线性的，消费的增长则取决于 r 和 δ 的相对量级，但是不同时期的消费变化与可预知的收入变化无关，这是因为信贷平滑了消费。由于边际效用函数是线性的，结合最优性条件和跨期预算约束，可得如下关于储蓄、收入和消费以及储蓄和收入演变的关系式：

$$s_t = \frac{rA_t}{1+r_t} + y_t - c_t \tag{2-3}$$

$$s_t = -\sum_{j=0}^{\infty}(1+r)^{-j}E_t(y_{t+j} - y_{t+j-1}) \tag{2-4}$$

如果期望当期收入增加，不进行储蓄是适宜的：消费者会降低财富水平，或者在没有资产的情况下进行借贷，只要未来收入的预期足够高，如个体丢失了当前工作但是预期很快能够找到一份新的工作。相反地，如果关于未来收入的预期下降，比如退休，家庭就会更多地进行储蓄。借出和借入使消费者可以在生命周期中高收入和低收入的不同阶段重新分配花费。个人收入呈典型的"驼峰形"，相比于壮年时期，在生命初期或晚期个人收入是处于低位的，因为在这段时间内个人总是全部或者部分离开劳动力市场。因此，年轻人更有可能借贷，而个体在生命的中晚期则更倾向于为退休进行储蓄。特别地，那些对未来收入预期较高的个体，在他们年轻的时候更有可能参与信贷市场。

2.2.1.2 基本模型的扩展

在对现实的描述中，模型（2-1）略显单薄，且实证结果也不能很好地支持相关理论，下面从四个方面对该模型进行扩展。

（1）"品位"转换及关于未来的不确定性。基本模型中关于消费者行为的描述总是与微观实证研究的结论相矛盾，现实中消费会随着可预测的收入变化而做出相应变化。Attanasio 指出，对效用函数进行合理设定可以提高模型（2-1）的拟合程度。原模型中效用函数只与消费流有关，扩展模型中可以将诸如家庭规模及关于家庭成员的人口统计学特征等影响因素引入。一般而言，年长的个体对食物消费需求的数量和质量会降低，相较于那些有小孩的家庭，他们的消费总量和消费结构与那些户主年龄偏大或偏小的家庭是有显著区别的。相比于年轻户主与单身户主的家庭，或者是孩子成年后的家庭，如果中年时期的消费需求较高，最优性要求年轻户主减少借贷，中年户主减少储蓄，通过对生命周期内消费的描述，该模型就可以预测收入的轨迹。

关于基本模型的预测问题需要建立在边际效用函数与消费水平的线性关系的基础上。线性性使对最优消费行为的描述变得简单，这是因为它暗示了"确定性等价"，只有关于未来收入和消费的期望值才会影响最优消费行为。现实中关于期望值的不确定性对消费、储蓄和借贷之间的关系有很重要的影响。若消费的边际效用函数不是线性函数而是凸函数，那么消费水平较低时消费的增长对函数值的影响要比消费水平高时同样的增量所带来的影响大，通过对财富进行"预防性"积累来缓冲收入不确定性对消费的影响是适宜的，这种行为意味着增加储蓄、减少借贷。直观地，如果一个家庭想在现阶段借款但又害怕坏消息，如期望晋升但又无法实现，或者失业期不确定，与"确定性等价"的线性效用情形相比，低消费水平时还款对于边际效用的影响更为强烈，家庭就会减少借款。

一般来说，借款的数量在很大程度上依赖于不确定性以及家庭的"急躁情绪"与终生收入模式之间的关系。为何年轻家庭的借款数额反而比预期的少？与具有稳定收入流的个体相比，为何那些从事危险行业的个体更不情愿借款？上述问题都可以通过将不确定性引入基本模型进行扩展来解答。

（2）借贷水平的约束。通过实施"预防性"行为来解释近期债务水平的增长是困难的，因为劳动力市场管制和技术发展趋势（如果有的话）增加了劳动收入的波动性，Krueger 和 Perri 对美国的情况进行了专门研究。为了解释生活在不同国家和不同时期的相似人群在借款行为方面存在的巨大差异，仍需要对基本模型进行扩展，还需要对家庭或个人可能受到的"流动性约束"进行合乎情理的解释。一般而言，流动性约束是指在既定的市场利率条件下，家庭能够获得的借款额少于期望获得的借款额。我们主要研究"流动性约束"对家庭一生的消费计划的影响。在基本模型中虽然家庭可以在不用考虑未来收入的情况下随意进入金融市场进行信贷，但实际情形是他们往往会受到借款水平上限的制约，或者面临借入利率高于借出利率的情形，抑或是借入利率会随着借款数额的增加而增加。"流动性约束"对借款进一步加以限制，基本模型（2-1）中终生效用的极大化不仅受到现有资源的约束，还进一步受到消费的制约：
$$c_t \leq (1+r_t)A_t + y_t = x_t \qquad (2-5)$$

文献中将 x_t 称为手存现金，如果借款被允许达到某一上限，那么全部现有资源也会随着最大借款额而增加。附加的约束条件显然会降低家庭可获得的福利，并且以明显的或者不甚明显的方式影响家庭的行为。欧拉方程变为如下形式：

$$u'(c_t) = \max\{u'(x_t),\ E_t u'(c_{t+1})[(1+r_{t+1})/(1+\delta)]\} \qquad (2-6)$$

这说明在任何时期，家庭或者会选择花费掉现有资源，或者在借贷约束还没有约束力的情况下等同于边际效用。显然在"流动性约束"有约束力时，家庭会减少借款。不甚明显的是当无约束的欧拉方程适用时，家庭一生的消费路径也会受到影响，这是因为关于未来受约束的"预感"会导致家庭通过建立"缓冲"财富的方法来减少被约束的可能性。正如前面所讨论的，当收入流不稳定时，边际效用函数是非线性的，会导致家庭"预防性"行为的发生，信贷约束的作用与此类似。流动性约束和预防措施意味着家庭通常会减少借贷，消费增长会加速，且消费行为对收入冲击更为敏感。如前所述，收入预期的波动与家庭的预防性动机是相关的，对流动性约束的考虑则会让消费者以更灵活和详尽的方式对供给方的行为做出解释。

（3）耐用商品。基本模型中关于消费分配的另一种重要扩展源自耐用消费品的存在，如住房、汽车。拥有耐用品不仅在一段时间之内有源源不断的消费服务，同时也增加了家庭的财富。购买耐用品会减少家庭的金融资产，当现有财富不足以支付时，借款就成为必须。在有耐用品消费支出的情况下，基本模型中的目标函数变为如下形式：

$$\max E_t \sum_{j=0}^{\infty} \beta^j u(c_{t+j},\ d_{t+j}) \qquad (2-7)$$

其中，d 代表耐用品储备，如前面所讨论的"品位转换"，库存的耐用品会影响非耐用品消费的边际效用。不同于年龄与其他人口统计学特征，对于家庭的这种带约束的最优化问题，耐用品的库存是具有内生性的。相应的约束条件也应修正如下：

$$A_{t+1} = (1+r_{t+1})(A_t + y_t - c_t - i_t) \qquad (2-8)$$

其中，i 表示新的耐用品消费，如果考虑折旧，并用 λ 表示折旧率，则耐用品库存按如下方式演进：

$$d_{t+1} = i_t + (1 - \lambda)d_t \qquad (2-9)$$

在考虑已有信息及关于未来预期的基础上，家庭不仅需要规划最优消费计划，平衡各时期消费的边际效用，还需要平衡耐用品和非耐用品消费之间的边际效用，这就决定了一组关于非耐用品消费的水平和动力学特征之间以及各个时期内库存的耐用品之间的关系。一般而言，耐用品的存在使效用与各个时期内消费流之间的联系变得更加复杂。可以直观地预言家庭在耐用品 i 上的花费波动比非耐用品消费流的波动要强烈。对于那些没有能力积累资产且期望将来收入增加的年轻家庭来说，耐用品的购买为借款提供了更进一步、更容易发生变化的理由。

在上面的讨论中，耐用品的库存是完美可分的，家庭被认为可以在不用考虑调整费用的情况下增加或减少耐用品库存。现实中很多家庭没有某一特定种类的耐用品，也不会频繁地调整其库存。Bertola 和 Caballero、Bertola 等的理论和实证结果表明，当这种调整需要付出代价时，对于家庭而言允许耐用品库存偏离其永久水平的做法是适合的；当收入、金融资产、折旧和价格动态累积到一定程度，暗示了实际和想要的耐用品库存之间的较大的不连续偏离时，就可以实现购买（或者销售）。

（4）信贷约束与耐用品之间的交互作用。由于耐用消费品可以作为消费者的部分财富，故在耐用品的最优销售和购买中出于金融方面的考虑起了很重要的作用。例如，房屋既是一种消费品，也是一种金融投资品，任何关于房屋的交易不仅需要以房屋或者公寓所提供的消费"红利"为基础，还需要前瞻性地考虑房屋价格与其他资产价格的对比。可以通过抵押房屋的方式来筹措资金，更一般地，房屋的耐久性与其他消费品也是信贷供给的重要交互条件。模型（2-8）中当借款不被允许时，家庭的消费水平就会受限于当前的收入水平和流动性财富水平；但当家庭有诸如房屋或其他耐用品可作为抵押品时，出借人就有可能借款给家庭。如果耐用品不仅可以提供消费服务还能作为抵押品，那么当信贷约束更具约束力时，家庭会在其消费"篮子"中放置更多的耐用品。

从实证研究的角度看，拥有更多耐用品的家庭应该会有更多的债务，但利率、信贷约束、耐用商品以及调整费用之间的交互作用是十分复杂的。Juster 和 Shay 指出，利率在消费者的资产、债务及耐用品购买中是不同的，他们利用调查数据定性分析了消费者所面临的选择，并对宏观货币状况发生改变时总量消费的敏感性进行了研究。大多研究消费者借贷约束的文献没有继续早期的研究，只是关注于约束的数量，但也有几篇值得注意的文献：对于遭受流动性约束的消费者来说，现金支出是有困难的，他们为了获取更长的贷款时间会支付更高的利率；Brugiavini 和 Weber、Alessie 等对借款机会与耐用品购买之间的关系进行了分析。在这些文献所研究的模型中，借款机会依赖于现存耐用品而不是新购买的商品。Bertola 等研究了不确定性在耐用品和非耐用品消费模式中的作用，在他们的研究数据中，信贷约束是没有约束力的。

理论和经验均表明，个人或家庭希望通过借款（或储蓄）的方式来平滑消费，允许家庭借款会提高他们的福利水平，然而进入信贷市场却非易事，家庭信贷市场的运作有其自身的经验规则。

2.2.2 消费信贷供给的经济学

贷方与平滑消费的家庭以及贷方与生产者，两种情形下的借贷存在很多相似之处。比如，公司的经理可能不是明智地利用借款进行投资而是为了实现自己的目标，进而使债务偿还变得不可能或者是非常不可能。如同生产性信贷一样，消费信贷的供给也会因为道德风险或逆向选择问题而受阻。对于一个希望将来能有更多收入的消费者来说，如果当下的借款会增加消费但由于还款而减少将来消费水平的可能性有吸引力的话，那么现在的高消费水平若与将来的低消费水平无关，借款会更具吸引力，也就是说消费者违背了他们偿还债务的职责。因此，尽管前面的讨论中解释了受限的借款机会降低了消费者的福利，信贷约束也可以被理解为贷款供给方为了避免违约发生的一种需求。

一般地，不完全信息、逆向选择和道德风险问题使信贷市场不可能通过价格出清，这些问题在标准教科书中都有详细介绍，此处不再赘述。本小节中将讨论供给问题及其与消费信贷之间的关系。

2.2.2.1 贷出人限制信贷的理由

既然每个借款人的违约概率不一样，且借款人比出借人更了解违约概率，那么对于那些更有可能违约的借款人而言，他们的借贷需求对利率就不是特别敏感。对可能违约的借款人来说，如果利率水平反而更强地阻止了计划还款的借款人，那么此时就会发生逆向选择。因此，"高利率"只会吸引更少的或者更糟的借款者，而高违约率则暗示了合同上的高利率实际上导致了扩展的每一单位信贷的低收益。那么对于出借人而言，他们需要降低利率来吸引更优质的借款人，并通过在高、低风险借款人之间信贷配给的方式来控制"劣质"借款人的违约风险。Stiglitz 和 Weiss 指出，信贷配给并不是由市场的不均衡引起的，而是由于借出人通过设定利率的方式来获得适宜的借款人导致的。这种推理在理论上与实证上都与消费信贷相关，许多家庭由于受到流动性约束而被拒绝信贷。

当借款人影响还款的可能性时就会发生道德风险，如同生产性信贷一样，这种相关性是很显然的：企业家可以从一个风险项目中获得超额收益，但破产时的损失却是有限的。如果成本的很大一部分比例可以通过贷款的方式解决，则会激励企业家投资有风险的项目；如果项目失败，出借人就会遭受损失，他们会通过限制信贷数量的方式来让企业家承受一定比例的风险。在一定程度上，家庭借贷也有类似现象。很多公司都是家庭所有并经营，这就使得生产性信贷和消费信贷的区别不甚明显。雇员在工作中的努力程度和失业时寻找工作的努力程度都会影响他们劳动收入的水平和风险，也会影响他们的债务偿还能力。如果偿还债务反映的是意愿而不是能力的话，即使是对那些劳动收入外生的家庭来说，道德风险也与家庭平滑消费的行为直接相关。在决定是否要还债时，一个理性的代理人会权衡违约所获得的收益及所受的处罚。如果违约的后果是永久性失去金融市场提供的平滑消费的机会，大量约束就会内生地出现。事实上，由于缺少平滑消费的机会而减少的福利导致能够偿还的债务水平有其上限，一旦超过这个上限，借款人就会违约，而且出借人也不会继续扩大信贷。

违约均衡模型表明只要惩罚的力度足够大，所有的欠债都能够被偿还。实际上，惩罚比永久地被拒绝平滑消费的机会要严重，更详细的关于借款者违约选择的模型为流动性约束提供了深刻的见解。由于金融市场的竞争性、信息共享结构以及法律限制，它对违约的处罚能力是十分有限的。比如在美国，破产被记录在信用档案中的时间不能超过十年。更一般地，非正规的平滑消费的机会，即使在违约后也是可以得到的，诸如朋友或家庭提供的借款。

逆向选择和道德风险模型是在生产性信贷背景下发展起来的，虽然也适用于消费信贷，但是生产性信贷市场和消费信贷市场在潜在特征和组织方面还是有很大差别的。越是难以执行的债务契约，贷款对于出借方就越没有吸引力，他们会限制信贷，但是这种效应依赖于对违约颁布的规程。

一方面，法律规定的适用于消费信贷的破产与提供给公司的破产方式是不同的；另一方面，也是更重要的，一个典型家庭所需要的平滑消费的贷款数量或者是耐用品花费所需要筹措的资金数额往往比公司投资所需要的资金要少得多。

为了控制逆向选择的风险，对于规模较小的债务而言，在就事论事的基础上对消费者偿还债务的预期进行事先审查，这种做法并非成本有效的。在高度发达的信贷市场，以信贷交易可观测的特征为基础，消费信贷产业发展了一套复杂的"打分"程序，用以评估信贷交易的偿还风险。如果统计上与偏低的偿还概率相联系，出借人就会拒绝贷款。小的交易规模也将那些对有道德风险倾向的借款者的监管排除在外，对于大部分消费贷款来说，强烈的"回收"努力也不是成本有效的。实践中通过"记录"的方式对违约进行处罚，然后再通过这些信息进行打分，违约的消费者被拒绝进一步贷款。

2.2.2.2 抵押品的作用

面对有关个人贷款风险的并不完整的信息记录，贷方非常不情愿为那些缺少偿还记录的家庭扩大信贷规模，而这些记录恰恰是信贷部门打分的依据。资产的所有权会增强一个家庭的借款机会，因为抵押品至少可以部分地恢复违约借款者的偿还能力。对于大部分家庭来说，抵押品的主要来源是房产财富。房屋的购买属于大项投资，占终生收入的很大一部分比例。贷方也会保护他们的债务，如购买的汽车等耐用品或者通过分期付款的方式购买的家庭必需品，要转售这些二手品获得的价值却很少能够覆盖未偿还的贷款。

2.2.2.3 零售商及其他代理人在信贷供给中的作用

与零售商相比，银行和其他贷方在拥有信贷权限方面有明显的比较优势。在过去的一百多年中，美国家庭债务的增长主要来源于银行信贷，而之前的信贷主要是由非正规的零售商直接提供。然而，贷方和零售商的紧密合作会有很多优越性，如果交易是由经销商直接处理的，那么出借方寻找和处理信贷申请的成本就会降低。同时，银行与耐用品销售方之间的关系也是非常重要的。以贷方的观点来看，采用分期付款的方式购买某些耐用商品要比使用现金贷款更安全，尽管可能没有房屋或者交通工具作为抵押品，借款资金与具体用途之间的直接联系为贷方提供了很有价值的信息。正如对公司投资支出进行监管的能力对生产性信贷供给商很有价值一样，消费者的购买项目中，与摩托车相比，对家用电器的购买可能与借款人债务偿还特征的联系更多些。

经济学中关于信贷供给的深入研究还处于开始阶段。承受偿还风险的贷款机构（银行）不会为耐用品的购买者优惠信贷期限，但卖方会提供"零率"融资交易。当这种交易被广告后，消费者购买了该项目，银行就有资格收到消费者将来的分期付款。但如果广告率比银行的资金成本、加工成本以及还款概率的评估所要求的低的话，那么银行付给卖方账户的金额要比消费者直接付给卖方现金的数目少。在商业信贷的环境下，一般是基于垄断价格歧视的视角对卖方融资信贷进行研究。当供给商而不是银行在筛查、选择、惩戒消费者，或者收回或使用贷款的抵押品方面更有利时，他们可能就会提供信贷，当然也会出于价格垄断的目的。Brennan 等在有临时"流动性约束"的情况下研究了投资商品卖家为消费者购买筹措资金的动因，也有大量文献研究了交易信贷的更一般的形式，如 Petersen 和 Rajan。

关于消费信贷，Bertola 等的研究表明，当潜在的消费者面临不完全的平滑消费的机会时，耐用品卖家参与垄断价格歧视的动因可以被用来解释消费信贷的经销商补贴。如果借款利率与放款利率的实际差异将潜在的消费者人群分成了有差别的群体，分别倾向于用现金购物和信贷购物，卖家就可以用差不多的方式设置条款，给现金充足的消费者和遭受"流动性约束"的消费者提供不同的价格水平，正如以旧换新或者花时间使用优惠券的消费者会面临较低的价格。因此，差异化的价格结构明确地与跨期资源转移相关，Bertola 等使用来自意大利不同的发达地区的数据实证研究了其理论预言。在其他不完美的价格差别模型中，相对于单一价格，一些消费者会获利，但另一些消费者就可能不是很宽裕。如果补贴不可得，借款者的付款就会比他们应该偿还的少，与付现金的消费者相比，借款者会在当前折扣的基础上少付。之所以如此，原因在于这些组群的跨期收益率是不同的，不同组群消费者购买的商品也不同，价格差别与航空旅行的等级差异相似：商务舱不仅价格更贵同时也更为舒适，受限制少，这就保证了消费者以一种对航空公司有益的方式进行自分类。额外的信贷投放的收益率不仅在信用卡的使用模型中发挥着作用，也在自愿或法律规定的贷方由于未能为卖方提供合适商品而共同承担任务的模型中发挥了作用。

如果对债务人违约或者没有按期还款不加以解释,那么关于债务的理解还是不全面的。借款人是否会还债、在什么环境下会偿还,以及如果违约的情况发生什么资产可以被用来进行抵押,这些会对贷方和借方的动因产生重要影响。在房屋抵押或者汽车贷款的情况下,抵押品可以被收回。但在消费信贷的情形下,如果消费者对某一具体贷款违约,由于消费信贷的数额一般较小,贷方不会通过正规的法律程序追回,对违约的处罚一般是退化的信贷分数和对于将来信贷的限制。如果债务人违约而贷方通过法律程序追回债务,债务人就会破产。

2.3 流动性约束、消费信贷与居民消费行为研究

2.3.1 现代消费理论的发展

消费是人类生存和发展的基本条件,也是社会经济活动中非常重要的环节。与此同时,社会生产的目的之一就是进行消费,因而消费能够促进生产的再发展,进而不断地推动社会经济向前发展。现代消费理论是宏观经济学的重要组成部分,而消费理论又是消费信贷理论的基础,所以非常有必要对现代消费理论进行一个简单的回顾。综合国内外研究文献和经典的经济学教材,将现代消费理论进行阶段划分:第一阶段中有关消费理论的代表性学说有凯恩斯的绝对收入假说和杜森贝里的相对收入假说,主要研究确定性条件下的消费与现期收入之间的关系;第二阶段以 Modigliani 的生命周期假说和 Friedman 的持久收入假说为代表,这两个假说还是以研究消费与收入之间的关系为主要内容,仍然是在确定性框架之下,只不过这两个假说中的消费者被认为是具有前瞻性的;最近的假说将不确定性理论引入消费理论的研究框架之中,这一时期的理论主要以预防性储蓄理论和流动性约束假说为代表。

2.3.1.1 绝对收入假说和相对收入假说

由凯恩斯提出的绝对收入假说是经典的消费理论之一,这个假说研究的是收入与消费之间的关系,它的特别之处就在于整套理论是基于宏观经

济学的视角展开研究，假说认为收入与消费之间具有稳定的关系，其函数表达式如下：

$$C_t = \alpha + \beta Y_t \tag{2-10}$$

其中，C_t 表示 t 时期的消费水平，Y_t 表示 t 时期的收入水平，α 是自发性消费，β 是边际消费倾向。凯恩斯假定 $0 < \beta < 1$，当收入增长时，消费的增量小于收入的增量，边际消费倾向是递减的。然而，"库兹涅茨悖论"的出现使绝对收入假说遭到了质疑和挑战，之后的大量实证研究中，许多学者发现使用长期时间序列数据与使用短期截面数据所得到的消费函数是不同的。我国也有学者利用中国城乡居民的消费数据对绝对收入假说理论进行实证分析：臧旭恒的研究表明，1978 年以前居民现期消费主要取决于现期收入，1978 年以后这种关系有所变化，但是现期收入对消费仍然有很大的解释能力；张邦科和邓胜梁的研究结果说明我国城市居民的消费行为不适合用绝对收入假说来进行解释，他们的实证部分是基于中国 35 个大中城市的面板调查数据进行研究的。

凯恩斯消费理论是整个 IS-LM 模型的核心内容，但该理论是建立在对消费心理主观判断的基础上，缺乏微观基础，而且只局限于进行短期分析。

区别于绝对收入假说，相对收入假说认为存在着两类效应对消费水平产生影响，一类是示范效应，另一类是棘轮效应。该假说的消费函数可以近似地表达为如下形式：

$$C_t = b\bar{Y} + c(Y_t - \bar{Y}) \tag{2-11}$$

其中，$\bar{Y}$ 表示第 t 期之前的最高收入。国内关于相对收入假说的经验检验比较少，与绝对收入假说相比，相对收入假说引入了过去收入，在研究思路上有了很大的进步，但相对收入假说仍然不能很好地解释"库兹涅茨悖论"。

2.3.1.2 生命周期假说与持久收入理论

传统的消费者选择理论是生命周期假说的出发点和基础，这个假说在整个生命周期内对消费者的消费和收入之间的关系进行研究，在假定消费者不仅具有前瞻性而且具有理性的前提下，该假说的主要内容是消费者对其一生收入的期望值决定了消费者当期消费水平的大小，当期消费水平的高低不是由当期收入水平决定的。具有代表性的消费者为了取得自己整个生命周期内的跨时期效用的最大值,会根据自己对终生收入的期望值来对消费和储蓄进行合理的分配和安排。生命周期假说的消费函数如下:

$$\max U = U(C_t, C_{t+1}, \cdots, C_L)$$
$$\text{s.t.} \sum_{k=t}^{L} C_k/(1+r)^{k-t} = A_t + Y_t + \sum_{k=t+1}^{N} Y_k/(1+r)^{k-t} \quad (2-12)$$

其中,C_t 表示消费者在 t 时期的消费,Y_t 表示消费者在第 t 年的收入,A_t 表示消费者在第 t 年的净财富,r_t 表示利率,N 代表该消费者的工作年限,L 是其生存的年限。生命周期假说具有主要两个方面的政策含义:一是强调了金融机制的作用;二是强调了临时所得税的作用,长远来看,消费税更为合理。

在持久收入假说中,需要对持久消费和持久收入同时进行分析,因为这个假说认为消费不单单是由当前收入决定的,还与持久收入和持久消费有密切的联系。然而,持久收入是不能通过当前信息直接观测的,所以如何利用消费者的行为对消费者未来持久收入做出推断就显得非常重要了。用 Y 表示当前全部收入,Y_t 表示暂时性收入,Y_p 表示持久收入,则有:

$$Y = Y_t + Y_p \quad (2-13)$$

对应地,消费也分为持久消费和暂时消费,用 C 表示全部当前消费,C_p 代表持久消费,C_t 是暂时消费,则有:

$$C = C_p + C_t \quad (2-14)$$

持久消费与持久收入之间的关系可以表示为:

$$C_p = k(i, \omega, \mu) Y_p \quad (2-15)$$

Friedman 给出了下面一系列的假定条件:持久性收入与暂时性收入是无关的,同样地,持久性消费与暂时性消费也是无关的;暂时性的消费与暂时性的收入没有关系,但持久性收入却与持久性消费支出之间存在正比例关系。式(2-13)~式(2-15)构成了持久性收入理论的消费函数。根据持久收入假说,消费者会在一个很长的时期内考虑整个的消费安排,在这个长时期内平滑其消费,由此看来,凯恩斯的当期消费与当期收入之间的关系是不稳定的。持久收入假说认为储蓄率独立于收入,无论政府出于何种目的所采取的临时减税措施都是无效的,不确定性导致了高储蓄率,投资而非储蓄在经济发展过程中起了关键的作用。

生命周期假说假定消费者是理性的且具有前瞻性的个体，以个人效用函数为目标函数，在预期正常收入的约束条件下实现效用最大化，进而得到有关消费的函数。在消费函数理论的整个发展过程中，生命周期假说具有非常重要的作用，它既解释了短期消费波动和长期消费水平趋于稳定的原因，又特别强调了收入水平、年龄和财富水平对消费产生影响的重要作用。除此之外，生命周期假说有着极为广泛的应用范围，在分析诸如消费随季节发生周期性波动问题，来自不同阶层的家庭在消费水平方面所存在的差异，货币政策和财政政策如何对经济和消费产生影响等领域，都可以使用生命周期假说加以解释。但生命周期假说并未将不确定性考虑在内。持久收入假说也设定消费者是具有"前瞻性"的理性主体，提出了"持久收入"，并对"持久收入"与"持久消费"之间的关系进行了讨论，这是对消费和收入之间复杂关系的更深层次的讨论，并且使短期消费函数和长期消费函数之间的矛盾得到了调和。根据持久收入假说，只要消费者具有长期稳定的收入来源，他们的当期消费水平就会超过当期收入水平，即消费者可以进行提前消费。持久收入假说开启了西方国家关于理性消费的研究。

生命周期假说与持久收入假说有诸多相似之处，二者都认为消费不只与现期收入有关，未来预期收入也会对现期收入产生影响，所以很多学者将二者结合起来，形成了生命周期—持久收入假说。这个假说的理论更为全面，充分考虑了消费者的个人行为特征，其理论基础仍然是消费者的效用最大化理论，以个人行为为出发点使这个理论具备了良好的微观基础，同时对凯恩斯消费函数由于使用截面数据与时间序列数据的差异而得出不同的结果的原因做出了较好的解释。在此后很长一段时间内，生命周期—持久收入假说是研究消费者跨期选择行为及储蓄问题的标准分析框架，但该假说在本质上依然没有将不确定性考虑在内。

生命周期假说与持久收入假说也有相异之处，二者的研究重心不同，对储蓄动机的解释不一样。此外，二者在设定形式上也有差别：生命周期假说将人的收入按照生命周期划分成三个阶段，而持久收入假说中并未考虑个体不同阶段的收入；在持久收入假说中，收入被认为是单一的持久收入，而在生命周期假说的消费函数中，收入是被分为两部分的，它们分别是从资产收益获得的收入和从劳动获取的收入。

2.3.1.3 随机游走假说、预防性储蓄理论以及流动性约束

为了最终介绍预防性储蓄理论以及引出流动性约束，首先介绍由 Hall 提出的随机游走假说理论。生命周期假说和持久收入假说都是在确定的框架下对消费者的消费和收入关系进行研究，为了对此进行扩展，Hall 通过把理性预期的方法引入生命周期假说和持久收入假说中，由此提出了关于消费者行为的随机游走假说。Hall 认为，要让滞后的收入不再产生额外的价值，就应该让前几期的消费量中包含消费者当时所有的信息量，然后让消费函数模型中包含消费的滞后项，由此 Hall 提出了最大化问题：

$$\max r = \sum_{\tau=0}^{T-\tau} (1+\delta)^{-\tau} U(C_{t+\tau})$$

$$\text{s.t.} \sum_{\tau=0}^{T-\tau} (1+r)^{-\tau} (y_{t+\tau} - C_{t+\tau}) = A_t \quad (2-16)$$

其中，δ 是主观时间偏好率，r 是不变的利率。相应的欧拉方程如下：

$$E_t U'(C_{t+1}) = \frac{(1+\delta)}{(1+r)} U'(C_t) \quad (2-17)$$

通过求解消费者跨期效用最大化问题，由式（2-17）得出消费的边际效用服从一个随机游走过程，更进一步地，在假定效用函数为二次性的条件下，可以得到消费本身也遵循一个随机游走过程。但后期的经验研究表明，随机游走假说无法对消费的"过度敏感性"和"过度平滑性"现象做出解释，为了更好地解释这些现象，经济学家由此又提出了预防性储蓄理论和流动性约束假说。

预防性储蓄理论将不确定性引入了研究框架，消费者关于未来的不确定性实际上主要是来自他们对于未来收入的不确定性，为了防止未来收入水平的降低而导致相应的消费水平的下降，消费者会事先进行储蓄，以防止未来的不测。然而，让消费者对自己一生的收入做出一个准确的估计是比较困难的，只要他们认为未来的收入水平会下降，进而未来的消费水平也会下降，或者认为未来收入和消费的波动性会增强，他们就会把当前收入中更多的份额拿来进行储蓄。在其他因素都不变的情况下，如果消费者在当期进行了预防性储蓄，那么当期的消费水平就会下降，而预防性储蓄自然会使消费者预期消费水平的波动有所上升。我们很容易发现，消费者的行为路径在不确定因素逐渐积累增多的过程中发生了改变，更为重要的

是，由于把不确定性引入了研究框架，同时考虑了消费者的跨时优化选择行为，因而预防性储蓄理论能够对消费的过度平滑性和过度敏感性做出很好的解释。一般来说，预防性储蓄理论主要围绕消费者偏好、市场不完善以及借贷约束和所处经济环境的不确定性三个方面展开研究。需要注意的是，预防性储蓄理论仍然认为消费者以追求最大化效用为目标，该理论并没有否定生命周期—持久收入假说，实际上它对这两种理论都进行了扩展，对消费者的消费行为进行了更好的描述。此外，预防性储蓄理论的计量模型具有很强的针对性，模型中一些变量的计量方法带有很强的主观性，如对谨慎动机大小以及借贷约束的度量，这就增加了模型使用的难度。在解释消费者的跨期选择特征时，预防性储蓄理论过分依赖于外部经济环境条件，忽略了对消费者自身内在因素的考察。

流动性约束假说又被称为信贷约束，是指行为人在低收入时期不能通过金融机构或非金融机构以及从个人处取得贷款，或者无法获得金融资产来保持正常的消费水平时，我们就说个体受到了流动性约束。生命周期—持久收入假说中暗含了一个非常重要的假定，那就是承认现实中的资本市场是完美的，但实际中并非如此。在完美的资本市场中，消费者个人如果能够用将来的收入作担保，就可以在这个市场中以不变的利率水平进行自由借贷来平滑消费。但现实中的资本市场并不是完美的，借贷的价格在正常情况下会高于储蓄的利率，而且很多时候个体的借贷需求和意愿并不能在任何情况下都被满足，个体实际获得的借款数额经常要比预期的融资额度低。消费者受到流动性约束的原因经常被归为以下三类：一是由于个体缺少或者压根儿没有任何资产，不能将其变现或者导致抵押品不足而无法获得贷款；二是道德风险和逆向选择所导致的信息不对称；三是信贷市场的不发达所导致的消费信贷品种缺乏。如果放松资本市场完美性的假定，即在现实的资本市场中，流动性约束通过下面的两种作用方式对消费者的消费行为产生影响：一是如果流动性约束是紧约束，也就是说消费者正在遭受流动性约束的制约，那么他的当期消费水平会受到影响进而下降；二是如果当前流动性约束是非紧约束，也就是说现在消费者没有受到流动性约束的限制，但消费者认为将来的某一天自己会遭受流动性约束的限制，那么同样也会导致个体的当期消费水平下降。因此，只要存在流动性约束，人们就会减少当期消费水平，消费路径不再平滑，此时当期收入对消费的重要性要比持久收入更大。流动性约束假说不但可以很好地解释消费的"过度平滑性",而且对消费的"过度敏感性"做出了解释,使消费理论更加符合实际,极大地推动了消费理论的发展。但是,流动性约束假说在使用时的最大困难在于在建模的过程中会遇到替代变量选择的问题,这一点在预防性储蓄理论的建模过程中也会遇到。相对地,流动性约束假说的政策含义比较明显,为缓解流动性约束,通过给消费者提供信贷服务可以提高消费者的福利水平和消费水平,促进金融市场的发展。

此外,在结合了心理学、社会学、神经科学和营销学等学科的研究成果后,消费理论沿着新的路径仍在不断发展,其中代表性的消费理论有行为经济学的消费理论和后凯恩斯主义的消费理论。在行为经济学理论中,消费者的行为被分为两步:一是有关消费者预算约束的问题,这主要体现在消费者对于财富的认知和计算方面;二是消费者如何在不同时期之间进行选择,以及对于时间偏好的研究。后凯恩斯主义的消费理论则彻底抛弃了主流经济学中关于消费者是理性行为的个体的传统假定条件,将行为理性用过程理性替换,在消费者的行为过程中添加了分离需求和偏好满足等条件。从上述分析可以看出,这两种理论都对古典经济学中消费者具有理性行为的假定提出了疑问,二者分别从不同的角度对消费者真实的消费行为进行了更深入的研究。

2.3.2 国外研究综述

2.3.2.1 流动性约束与居民的消费行为

家庭消费信贷和流动性约束理论的研究建立在生命周期模型和永久收入假说的基础之上,上述模型假定资本市场是完美的,不存在流动性约束,当消费信贷发展到一定程度的时候,我们就可以认为当期消费中的当期收入就是终生收入或者是持久性收入,而消费者的消费水平就是由持久性收入所决定。Hall 在二次效用函数的基础上推导出消费遵循随机游走过程,提出了随机游走假说,认为收入的变化不能预测消费的变化。但是随后的一些实证研究发现,随机游走假说并不能得到实践的有力支持,比较有代表性的就是 Flavin 的研究文献,这篇文章所得到的研究结果恰恰有悖于理性预期—持久收入假说的理论,他把消费者的这种消费行为方式定义为消费对于收入产生了"过度敏感性"。Daly 和 Hadjimatheou 利用基于英国居民的调查数据、Hall 和 Mishkin 利用来自美国居民的截面调查数据进行分析，结果都拒绝了理性预期—持久收入假说的结论。经济学家用预防性储蓄理论和流动性约束理论来解释理性预期—持久收入假说与现实的偏离。Leland 提出了预防性储蓄模型，Carrol 等把流动性假说和预防性储蓄理论相结合提出了缓冲库存储蓄模型，这些假说或者模型都是研究预防性储蓄理论的代表。

在流动性约束假说的研究方面，Zeldes 认为至少一部分消费者会受到信贷约束，信贷约束的存在使一部分消费者无法通过借贷平滑消费。他以生命周期理论为基础，对是否存在信用约束的家庭的最优消费分别进行考虑，结果表明，存在信用约束家庭的最优消费水平比不存在信用约束家庭的消费水平低。他还采用样本分割技术对受流动性约束的消费者进行划分，根据储蓄的额度和金融资产的数额对家庭遭受信贷约束的等级进行了辨认。Jappelli 和 Pagano 研究发现，消费信贷和消费波动的相关关系来自流动性约束。Bacchetta 和 Gerlach 指出，当消费者受到流动性约束时，总量消费应该对信贷条件是"过度敏感"的，就如对收入存在"过度敏感性"一样，更重要的是，这种敏感性会随着时间的推移而改变。他们利用来自美国、英国、法国、加拿大和日本的数据，发现信贷总量对消费有很重要的影响，通过 kalman 滤波的方法，指出"过度敏感性"一直在随着时间的推移而改变，但在美国呈下降的趋势。Ludvigson 假设流动性约束随收入而变化，利用美国的总量数据进行分析后得出预期的消费信贷增长与消费总量的增长是显著相关的；美国在 20 世纪 80 年代后期的 10 年里，消费水平迅猛增长，这与当初美国大力鼓励消费信贷市场的发展是有密切关系的。Carroll 和 Kimball 指出，在流动性约束存在的情况下，个人会减少现期消费、增加储蓄，这与预防性储蓄的作用类似。

Benito 和 Mumtaz 以英国家庭的调查数据为基础，利用转换回归的方法，对流动性约束、消费者的过度敏感性以及家庭、财富之间的关系进行了定量研究，结果发现：20%~40%的家庭表现出了过度敏感性，这些家庭可能遭受了流动性约束或者是为了其他预防性的原因而进行储蓄，那些没有流动性资产，或者家庭资产为负，或者是单身未婚的家庭更有可能这样做。Campbell 和 Cocco 的研究是基于生命周期假说的，主要内容是家庭如何选择自己认为的最优贷款，数值模拟实验的结果表明，在信贷约束和收入风险存在的条件下，家庭更倾向于选择利率浮动的债务，但若大额抵押导致违约成本过高，家庭则不偏好这种浮动利率的债务。Campbell 和

Cocco 利用来自英国的微观数据,从流动性约束的角度解释了住房财富对消费产生的影响,由于住房可以作为抵押资产使用,所以住房财富增加时,消费者将更容易获得消费信用,家庭也更容易获得贷款,这可以在极大程度上缓解借款的约束。Gan 收集了中国香港居民信用卡消费和家庭住房资产原值的调查数据,共 12793 个样本,对家庭住房与消费之间的关系进行了研究,结果表明:住房财富的增加对家庭消费的影响是显著的,尤其对那些较为年轻的家庭来说,在家庭有融资需求时,住房财富可以缓解信贷约束,即使家庭没有融资需求,住房的财富效应依然是显著的。

为了更好地了解流动性约束的本质,大量实证研究对那些更可能受到信贷约束的消费者的个体特征进行了分析,如 Jappelli、Cox 和 Jappelli、Duca 和 Rosenthal、Crook,这些研究都是基于美国的 SCF 数据库进行的。近期的研究表明,家庭收入和户主的年龄是决定信贷需求的重要因素。Crook 发现,当户主年龄超过 55 岁时,家庭的信贷需求会减少;家庭收入越多,家庭规模越大,户主有工作,家庭的信贷需求就越多。Magri 利用意大利的数据研究后发现,收入的不确定性会降低信贷需求。Crook 和 Hochguertel 研究了美国、意大利和荷兰三国的信贷需求和信贷约束状况,结果表明,年龄越大、财富越多,家庭遭受流动性约束的可能性就越小;个体劳动者更有可能被拒绝贷款;申请贷款但被拒绝的家庭的比例在美国最高。Arvai 和 Toth 利用 2000 户家庭调查数据研究了匈牙利家庭消费信贷后发现,户主的受教育水平、家庭收入、未来收入预期和过去的信贷经历对消费信贷倾向均有正向的影响。

2.3.2.2 消费信贷与居民的消费行为

很多文献对家庭消费信贷与消费之间的关系进行了分析,并且将消费信贷、流动性约束与家庭的消费行为放在一个框架内进行研究。Crook 对家庭信贷的两个问题进行了研究,一是家庭申请信贷的影响因素,二是家庭信贷需求数量的影响因素。他在文章中指出,之前对第一个问题进行分析的文献,所用数据的时间段为 1978~1983 年,而对第二个问题进行研究的文献则采用了更早期的数据。采用 SCF 数据库中 1990~1995 年的数据,分别使用单变量 Probit 模型和双变量 Biprobit 模型以及两阶段最小二乘选择模型进行实证分析,结果表明:当户主的年龄超过 55 周岁并且户主属于风险厌恶型时,家庭的信贷需求就会减少;家庭的收入越高、规模越大且户主有工作,那么家庭的信贷需求就越高。这些结论与先前文献的研究结

第 2 章 消费信贷理论的文献综述

论保持一致。除此之外，文章还表明，黑人增加了遭受信贷约束的可能性，但是并没有增加家庭的信贷需求；当一个家庭在未来的几年内有较大的开销计划时，家庭现在的信贷需求就会增加；家庭的净资产越多，其信贷需求就越少；值得注意的是，户主对于将来利率的考虑对其信贷需求并不会产生影响。Smith 和 Song 以澳大利亚的家庭为例，研究了收入、利率和信贷对消费的影响。为了估计信贷的作用，其所使用的欧拉方程中包括了信贷变量。他们利用 1970~2004 年的总量消费、非耐用品消费、不包括房产的耐用品消费三类消费数据对欧拉方程进行估计，结果表明：消费增长对收入增长表现出了过度敏感性，消费信贷对澳大利亚的总量消费水平具有显著的正向影响，但是实际利率这一变量在三种情况下都不显著，且只有这个变量前的系数具有时变性。Crook 对不同国家间家庭信贷需求与供给的情况进行了对比分析，主要得出了以下结论：美国、荷兰以及英国家庭持有的抵押贷款要普遍比新西兰、德国和日本家庭多，意大利家庭持有的抵押贷款最少。在所研究的这些国家中，按照年龄所持有的贷款数额都遵循生命周期模型，但是贷款发生高峰期以及贷款数额高峰期的年龄段在这些国家之间是有差别的。在加拿大，家庭贷款高峰期的年龄段要比美国来得早，意大利家庭次之，荷兰和日本家庭借贷高峰期的年龄段最晚。随着年龄的增长，意大利家庭贷款的减少要比美国家庭快得多。让人意外的是，在意大利，每个家庭的贷款数额与其收入、年龄及净资产之间的关系远没有那些西方国家家庭那么明显。

国外也有很多对信贷配给进行研究的文献。一般研究农村信贷市场的文献认为农户遭受了有补贴的正规信贷的配给，这个假设的有效性依赖于对正规信贷有效需求的水平。Kochar 对印度农村信贷市场的信贷约束进行了实证研究，通过对农户参与正规信贷与非正规信贷的分析，估计了具体部门的信贷需求和成本，以及遭受正规信贷约束的程度，实证结果表明，信贷配给的程度远没有传统认为的那样高。Lyons 利用 SCF 数据库中 1983~1998 年的数据对美国家庭遭受的流动性约束的变化以及这些变化如何影响家庭的借贷行为进行了分析，得出了以下结论：自 1983 年以来，家庭获得期望借款数额的能力大幅提升，借贷差额也在缩小，尤其是在 1992~1998 年。借贷差额之所以缩小，原因在于实际持有贷款的数量要比期望贷款水平的增速快。这些结论与家庭的永久收入、年龄、种族和性别无关。正如所预期的那样，黑人家庭与那些持久收入低的家庭经历了最大的差距缩减过程。该研究得出的结论与20世纪90年代中后期美国金融创新增加了家庭信贷可得性的假说保持一致。不同群组家庭借贷差距的一致缩小为美国的金融创新效应提供了证据。提供额外的和可负担的信贷的努力使更多的美国家庭特别是那些少数民族家庭和低收入家庭获得了更多的借贷机会，而这些家庭恰恰是容易受到信贷限制的家庭。信贷的增加极大地提高了美国家庭的经济状况，信贷的可得性使这些家庭获得了更多的平滑消费的机会，提高了家庭的福利水平。该研究还指出，信贷的民主化使那些曾经觉得还债困难的家庭会继续申请额外的贷款，这会造成经济增长减速、破产率及违约率上升等不良经济现象的发生。Okurut等对乌干达地区影响非正规信贷需求和供给的家庭和个体的特征进行了研究，发现信贷对于提高这些地区穷人的福利水平有着重要作用。在需求方面，年龄、性别、受教育水平、抚养率、住户开销、区域位置对非正规信贷有着显著的正向影响；在供给方面，年龄、性别、资产价值、区域位置对于非正规信贷配给行为有着显著的负向影响。该研究建议政府政策应该以提高生产力和增加家庭财富为目标，使穷人有资格接受信用贷款，不容易受信贷配给的影响。Chivakul和Chen利用2001~2004年的家庭调查数据对波黑地区家庭借贷的动因和信贷约束的影响因素进行了研究，这是对新兴欧洲国家关于这类问题进行研究的第一篇文章。尽管近些年来波黑地区的家庭消费信贷有了快速增长，但是信贷约束依然存在。文章的实证结果强调了国家冲突和变迁对借款者和放贷者产生的影响，正如所预言的一样，年龄、收入、财富和学历是影响家庭参与消费信贷市场的主要因素，高的收入水平和高的财富水平会降低信贷约束的限制。在波黑地区，家庭参与信贷市场的高峰年龄段在45岁左右，远高于其他发达国家；同时，年老的个体所遭受的信贷约束比发达国家中同样年老的个体要严重。信贷约束的决定因素强调了波黑地区失业的结构性本质以及教育资历和未来收入之间的比例失调；教育经历对遭受信贷约束的可能性没有显著影响；与发达国家不同的是，失业可能对信贷约束产生重要影响。收入是期望借款额的主要影响因素，与美国和荷兰家庭的情况相比较，波黑地区家庭收入水平高时期望借款额也会增加，对这种现象的一个可能解释是波黑地区高收入的个体可能对将来收入也会有较高的预期，因此数目较大的期望借款额可能是这些个体理性选择的结果。

家庭消费信贷也常常与家庭的耐用品消费联系在一起。当信贷上限依赖于消费者所拥有的耐用品的市场价值时，Alessie 等给出了一个关于生命周期内极大化的消费者对非耐用品和耐用品跨期价格反应的理论框架。在允许金融市场条件发生改变的跨期研究框架下，分别对耐用品消费和非耐用品消费进行建模分析，对欧拉方程的估计结果表明，消费者会同时选择耐用品和非耐用品进行消费，更为重要的是，效用函数不能被假定为具有可分性。耐用品价格是有弹性的，这也意味着耐用品消费高波动性的原因可以部分地由对预计价格变化的反应来解释。文章还估计了金融约束的影子价格，并对 20 世纪 80 年代英国消费者热衷于购买耐用品的消费现象进行了解释。在金融自由化之前，对于 70 年代中期和 80 年代早期的相对年轻的家庭来说，影子价格是显著为正的，这意味着"紧的"金融约束。法律规定的用于分期付款的订金使英国很多年轻家庭无法购买耐用消费品。文章的结论表明，至少 20 世纪 80 年代早期耐用品消费的繁荣是与这项法令的解除相关的，但却没有证据支持 1982 年之后存在"紧的"金融约束。

信用卡是一种短期消费信贷产品，也是一种非常流行的消费金融工具。信用卡提供了一种方便的现金交易，且这种交易可以通过电话或者互联网实现。Chakravorti 和 Emmons 研究了竞争性信用卡市场中的边支付问题，如果竞争性的零售商承担了使用信用卡的成本，他们就会提高商品的价格，这种情况下就需要有人为信用卡的方便用户提供资助，防止他们转向不接受信用卡支付的商人那里。边支付应该由延迟付款的卡片使用者来承担，只要卡片持有人认为折扣率足够高，他们这样做就是合理的。对于零售商而言，考虑不同支付工具的成本，让不同的消费者承担不同的价格，这样的做法可能更为有效。Bertaut 和 Haliassos 对美国信用卡的发展过程及相关理论进行了详细的研究，结果表明，1983 年 65% 的美国家庭拥有某种形式的信用卡，包括特定的存储卡和煤气卡，只有 43% 的家庭有银行形式的信用卡，如 Visa 卡和 Mastercard 卡，到 1992 年 62% 的美国人有银行类型的信用卡，到 2001 年这个百分比几乎达到了 73%。但在相同时期，拥有任何形式信用卡的美国家庭的百分比增长率却相对缓慢，到 2001 年这个百分比为 76%，仅比拥有银行类型信用卡的百分比稍高一点。此外，每户家庭拥有的银行类型信用卡的数量也在增长：1983 年拥有银行信用卡的家庭只有一张这样的信用卡；到 2001 年，1/3 的持卡家庭只有一种类型的信用卡，1/3 的持卡家庭有两种类型的信用卡，1/4 的家庭有三种或四种类型的信用卡，超过 7%的家庭有五种或者更多类型的信用卡。

2.3.3 国内研究综述

2.3.3.1 流动性约束与居民的消费行为

近些年来，国内也有很多研究流动性约束与居民消费关系的文章。万广华等应用 1961~1998 年的相关数据，包括改革开放前和改革开放后两个时期，以 Hall 的消费函数及其扩展为基础，实证分析了不确定性与流动性约束在我国居民消费行为演变中的作用。结果表明：我国市场经济体制改革的不断深入对居民的消费结构产生了深远影响，20 世纪 80 年代早期居民的消费行为就发生了根本性的转变。我国目前的低消费增长以及内需不足，主要是由受流动性约束的消费者所占的比重不断上升以及不确定性的增加造成的。此外，消费者的异质性以及不确定性与流动性约束之间的交互作用导致了现期消费水平和预期消费增长率的下降。但受数据所限，文章只局限于对总体消费行为的研究，并未对城镇居民与农村居民分别加以讨论。杭斌和王永亮利用北京市城镇居民人均可支配收入和人均生活消费支出的月度数据，采用基于工具变量的两步最小二乘估计方法，对北京市城镇居民所受流动性约束的程度进行了研究，从实证研究的结果可以看出，对于当前北京市的城镇居民而言，大约 44%的居民消费曾不同程度地受到流动性约束的制约，这个数字远远高于美国、加拿大等国家居民消费的流动性约束水平，但略低于希腊、意大利、西班牙等中等发达国家 1989 年的水平值；1999 年以来，个人消费信贷规模和品种的扩展对流动性约束起到了一定的缓解作用，北京市城镇居民平均月消费增长率提高了 0.62 个百分点。赵霞和刘彦平利用 1978~2004 年我国城镇居民人均可支配收入和人均消费支出的数据，定量分析了我国城镇居民消费水平与流动性约束之间的关系，从实证分析的结果可知，在所调查的样本数据期间内，我国城镇居民中有将近 70.62%的居民消费受到了流动性约束的限制，流动性约束严重制约了居民消费水平的提升，而这个数据也远远高于同时期西方发达国家的数值。λ 的值下降为 0.2897 是在 1999 年之后，这主要是由于从 1999 年开始消费信贷才正式地在政府鼓励和倡导下在我国迅速发展起来，由此也可以说明个人消费信贷业务的发展降低了城镇居民受流动性约束的程度，提高了城镇居民的消费水平。满讲义和佟仁城也对我国城镇居民的消费和所遭受的流动性约束之间的关系进行了研究，但他们所采用的研究是1978~2007年城镇居民收入和消费的相关数据，相比于杭斌和王永亮的研究，他们还检验了流动性约束对消费的影响中是否包含了不确定性因素，实证研究的结果同样支持城镇居民遭受较为严重的流动性约束限制的研究结论，但不确定性对流动性约束测度的影响并不显著，文章给出了缓解流动性约束强度的相应政策建议。上面这些文献都是对流动性约束与我国城镇居民的消费水平之间的关系进行了研究，结论都支持消费信贷能够缓解流动性约束、提高居民的消费水平。

也有学者专门对农村居民的消费水平与流动性约束间的关系进行研究。朱信凯对流动性约束、不确定性以及中国农户的消费行为进行了分析，解析了谨慎度与农户消费之间的关系，将谨慎心理作为影响农户消费的重要解释变量，得出了如下结论：一是为了鼓励农民合理进行消费，改善他们保守的消费观念，使其树立正确合理的消费观，可以通过创造理性的"消费示范"来达到效果；二是要逐步完善社会保障制度以及农业保险的相关立法，对于那些厌恶风险的农户来说，可以减少他们关于未来的不确定性，从制度上为他们创造一个宽松的环境，这样农户就会减少预防性储蓄存款的数目；三是要逐步开放消费信贷市场，帮助农民"熨平"消费波动。特别地，赵霞专门对农村居民的消费和流动性约束之间的关系进行了研究，采用的是1978~2004年我国农村居民人均可支配收入与人均消费支出的宏观数据。研究采用两阶段最小二乘法进行估计，实证结果表明，相比于我国城镇居民，农村居民遭受的流动性约束的水平更高，农村居民中那些遭受流动性约束的居民消费占农村居民总体消费的比重达到了91.26%，远高于一些西方发达国家20世纪90年代左右的水平。这充分说明流动性约束的存在制约了我国农村居民消费水平的提高，缓解流动性约束对于推动农村居民消费需求增长具有积极的意义。

除了使用宏观经济数据研究农村居民的流动性约束与消费水平外，随着微观调查数据的可获得性，很多学者从微观角度研究农户遭受流动性约束的程度。高梦滔等使用1995~2002年来自我国8省共1420个农户的面板数据，对农户消费行为的三个理论假说进行了检验，得到了如下结论：整体来看，我国农户的消费行为能够很好地用PIH/LCH来描述，但是流动性约束对农户消费也有影响；消费的过度敏感性现象在那些受流动性约束的农户中是存在的，而那些没有受到流动性约束的农户的消费行为遵循

PIH 假说；对动态面板数据模型的估计结果表明，收入的内生性可能会使标准的固定效应模型对流动性约束影响的估计过高。王柏杰研究了农村制度变迁和市场化改革的背景下，我国农村居民的消费增长与流动性约束之间的关系，提出了五个基本命题，这五个命题分别是：农村居民的消费行为中存在着消费习惯；农村居民的消费行为按照一般的层次需求理论进行；农村居民受到流动性约束和预防性储蓄的双重限制；政府对农民的转移性支出有着正向影响；农村居民的改善性消费支出富有弹性但保障性消费支出缺乏弹性。在这五个基本命题下构建农村居民的消费函数模型，用于实证研究的数据是 2003~2011 年我国 31 个省份的农村居民收入的相关宏观数据。从实证分析的结果可以看出，虽然农村居民的消费行为是遵循需求层次理论的，且他们的消费也是理性的，但是在收入和流动性约束的制约下，农村居民的消费缺乏弹性是非常自然的。农民关于未来的不确定性是非常强烈的，考虑到诸如子女上学、医疗问题以及养老问题等，他们会在即使现金收入低于现金支出的情况下更多地进行储蓄。从地区上来看，相比于东部地区的农民，中西部地区的农民所受到的流动性约束更为严重。结合实证研究的结果，为了提高农村居民的消费水平，让农民能够没有后顾之忧地进行消费，需要从制度层面来消除不确定性带给农民的影响，而从政策层面加强对农村地区的消费信贷供给则是当下应该首先选择的实现途径之一。

也有文献对流动性约束下我国居民消费行为的二元结构和地区差异进行了研究，流动性约束和不确定性是影响居民消费的主要因素，但二者对于城镇居民和农村居民的影响结果却是不尽相同的，而且在不同地区间二者的作用机制也是有差异的。唐绍祥等利用基于面板数据的状态空间模型对这一问题进行了研究，结果发现，自 1978 年以来，流动性约束对于农村居民的限制要高于对城镇居民的限制，而不确定性对于城镇居民消费所产生的负面效应要更强烈一些。总的来说，来自收入和支出的不确定性对我国居民消费的影响不是特别明显，但这种影响效应是有地区差别的：收入和支出的不确定性正向影响我国东部和中部地区的居民消费，且这两个地区的居民受到的流动性约束的影响也更为强烈一些，但是从整体来看，我国居民遭受流动性约束的限制已经有所缓解。

2.3.3.2 消费信贷、流动性约束与居民消费

消费信贷虽然在我国起步较晚，但近年来有学者对其进行了大量研

究。在这些文献中，有的是从政策层面强调在我国发展消费信贷的重要性，如滕向丽，有的学者则从拉动内需促进经济增长、消费结构升级及边际消费倾向等角度出发来论证消费信贷对居民消费产生的影响，如易宪容等。在发展消费信贷与我国经济增长的相关性研究中，蔡浩仪和徐忠并不认为消费信贷一定能够促进经济增长，它对经济增长的促进作用是分情况而定的。文章从信用资源分配的角度对二者之间的关系进行研究，如果发展消费信贷反而降低了居民的储蓄率，减少了中小企业的融资需求，那么消费信贷的发展就可能对经济增长产生阻滞的作用，此外，消费信贷在地区间的不均衡发展也会加剧经济发展的不均衡而产生矛盾。根据中国分省的消费信贷、居民储蓄率以及中小企业贷款等相关数据，采用实证分析的方法对消费信贷与居民储蓄率和中小企业贷款之间的关系进行多元回归分析，发现消费信贷与储蓄率之间存在显著的负相关关系，最后从信贷组合的角度给出了如何寻找最佳信贷组合的政策建议。

在利用宏观经济数据对消费信贷和我国居民消费行为进行研究的文献中，臧旭恒和李燕桥在扩展的 C-M 消费函数的基础上研究了我国城镇居民消费行为与消费信贷之间的关系，所采用的样本数据的时间区间为 2004~2009 年，他们发现，当信贷条件和收入条件发生变化时，城镇居民的消费行为会很"敏感"地应对这种变化，如果用敏感性系数去描述这个变化效应，那么收入对消费行为的影响更强烈一些。当信贷条件发生变化时，来自不同收入水平的居民对此做出的反应是不尽相同的，收入水平中等和收入水平最高的居民的反应最强烈，而收入水平偏低和最低的居民对此的反应最不明显。消费信贷的主要作用并不是购买非耐用品与服务消费，而是促使耐用品消费增长，帮助居民缓解当下的流动性约束。因此，对收入分配体制进行改革就显得很有必要，只有居民的收入水平提高了，才可能从根本上减轻居民所受到的流动性约束的限制。丁宁利用 2001~2012 年我国消费信贷余额的季度数据，描述了消费信贷在国民经济增长中的作用，说明消费信贷在经济总量中所占的比重还很低。协整检验的结果表明，我国消费信贷与经济增长之间存在长期稳定的均衡关系，但是消费信贷的发展速度还很慢，远远落后于经济增长的速度。张艾莲等从供给侧视角研究了我国居民消费信贷的行为路径，结果表明，消费信贷有助于供给侧的实现，而供给侧的变革又可以促进消费信贷产品和服务的创新。Hurst 指数和 ARFIMA 模型的实证结果表明，我国居民的消费信贷行为具有典型的长记忆性特征，过去的消费信贷行为对现期的信贷状况是有影响的，现期信贷行为的改变又会作用于未来的发展趋势。这种长记忆性会传递到居民的消费行为，更进一步影响经济的长期发展，且这种长记性也表明了消费信贷的非线性结构。但也有学者对消费信贷促进经济增长持不同的观点，张文红等对不同时间期限内消费信贷的影响效应进行了研究，事实上，消费信贷在短期内会刺激居民消费水平的增长，并且显著正向影响国内的需求，而长期来看消费信贷并没有对居民消费水平的提升产生显著的影响，且它对消费的边际倾向也不能够产生影响。

信用卡不仅是便捷的支付工具，也是我国居民最常使用的消费信贷工具。国内有很多学者研究了信用卡消费与经济增长之间的关系。黄兴海对消费者行为理论和消费与产出的相关性理论进行了回顾，利用1999年第一季度到2004年第一季度中国银行卡消费金额与社会消费品零售总额以及GDP的相关数据，通过协整理论建立误差修正模型，对我国银行卡的消费同GDP的增长以及消费之间的关系进行了实证分析，结果表明：近几年来，我国居民广泛使用银行卡进行消费，消费数额有了大幅度的增长，而且我国经济增长与居民银行卡消费数额之间长期存在着均衡稳定的关系，经济增长对居民的银行卡消费具有正向的推动作用，银行卡现金渗透率对于消费增长具有显著的拉动作用。但是由于我国刷卡消费的时间还比较短，消费规模也不是很大，其对我国经济增长的影响作用还是十分有限的。我国居民消费信贷的一大特点是住房性消费贷款，廖理等利用来自某商业银行信用卡中心的微观调查数据，对我国居民住房特点与信用卡消费信贷之间的关系进行了研究，对于已经拥有自住住房的居民来说，他们普遍不会使用信用卡进行住房消费信贷，即便使用，信贷的额度和使用的频率也非常低，这说明住房的财富效用对于这些人来说并不明显；那些采用分期付款的居民，信用卡消费信贷的额度和使用频率也比较低，这说明当前较高的房价对中产阶级的消费信贷起到了抑制的作用，住房对消费存在挤出效应。这些实证结果对我国信用卡的发行、管理和使用具有重要的政策含义。由于消费信贷在我国发展的历史还不是很长，所以国内鲜有学者研究我国居民短期消费性贷款与居民消费水平之间的关系，熊伟利用2010~2012年来自新加坡最大商业银行的居民微观调查数据对这个问题进行了研究，虽然所研究的对象是新加坡的居民，但是研究结果对于在我国通过金融发展来促进居民消费结构的升级能够提供有益的参考。该研究采用了动态效应回归、平均效应回归以及倾向评分匹配法等多种计量手段来进行实证分析，由于信用卡余额代偿条款中对偿债顺序进行了规定，消费者通过在转账金还款期内减少信用卡转账金账户的消费额度来获得银行在利率方面给予的优惠，另外由于银行提供的短期消费性贷款一般是无抵押、利率较低的贷款，因此可以在极大程度上缓解消费者遇到的当期的流动性约束。除了不同消费者的消费额波动幅度和调整速度存在差别之外，只要信用卡转账金偿付完成，总体来看消费者的消费水平都有了提高。

关于农户消费信贷的研究中，陈春生基于农户消费"居民化"趋势的视角，对我国农户消费性融资的"无息性""民间性"以及"互助性"特征进行了分析，揭示了农户消费金融发展的内在规律性。通过分析农户消费性融资需求与农户收入差距和城乡收入差距的相关性，表明收入差距是造成农户尤其是低收入农户融资困难的主要原因之一。该研究根据农户需求的特征将农户的消费性融资需求按照性质和供给方式进行了分类，农户的消费融资除了金融性需求外，还有救济性需求和财政性需求等多个层次。正规金融机构和非正规金融机构的并存是我国农村金融市场的重要特征，朱信凯和刘刚以 Besley 模型为基础，将不确定性和流动性约束等假设条件引入研究框架。轮会是存在于民间的一种特殊的金融组织，实证结果表明，轮会的最大优势是减少了居民所受当期流动性约束的制约，农户不需要等待很长时间就能实现耐用品的购买，农户的期望效用水平和当期消费水平都会被提高。他们还分析了轮会在违约风险方面相比正规金融机构的独特优势，得出了轮会和正规金融机构共存时农户消费信贷行为选择的边界。贫困地区农户的信贷行为与信贷需求不同于一般地区，王定祥等利用 1156 户贫困型农户的数据资料对该问题进行了考察，这些农户来自我国 15 个省份比较贫困的地区，采用 Probit 模型对影响这些农户信贷需求、正规和非正规信贷行为的因素进行实证分析，结果表明：绝大多数这种类型的农户都希望借到短期的、数额不是很大的贷款，但是实际上只有少数农户可以获得贷款，而从正规金融机构获得贷款的农户数更是寥寥无几，由此看来，农户的金融需求被满足的程度是非常低的。农户的耕地面积、教育费用支出、人均收入水平以及所拥有的固定资产的价值都对他们的信贷需求有显著影响，其中对这些农户的正规信贷需求有影响的因素包括农户的耕地面积以及农户的农业生产性支出，而固定资产原值、农户的耕地面积以及农户的农业生产性支出会对农户的非正规信贷行为产生作用。也有学者专门对我国农村居民遭受信贷配给的程度进行了研究，李锐和朱熹采用了来自 3000 个农户的大样本微观家庭调查数据分析农户遭受金融抑制的程度，在既考虑农户需求又考虑金融机构供给的情况下，使用更为合适的双变量 Probit 模型，结果发现，我国农户遭受金融配给的程度是非常高的，这个数值几乎达到了 70%。该研究使用 Match 模型对金融抑制的福利损失进行了评价，在金融抑制存在的情况下，对于所有样本农户而言，他们损失的消费性支出、净经营收入、纯收入以及非土地性资产占各自均值的比重分别为 15.57%、15.43%、9.43% 和 14.58%；对于直接受到金融抑制的样本农户而言，这些数值分别变为 16.46%、16.83%、9.55% 和 14.70%。在影响农户信贷需求的因素中，教育支出、医疗支出和农户拥有的土地面积对农户资金需求有正向显著影响，金融资产余额的影响是负向的；在影响金融机构供给的因素中，户主的受教育水平、土地面积、所处村庄的地理位置以及农户所拥有的社会关系会正向影响金融机构的资金供给。为了使关于农户信贷抑制程度的估计结果更加稳健，李庆海等使用了我国 1000 个样本农户 2003~2009 年连续 6 年的微观调查数据，再次估计农户遭受信贷约束的程度和其对农户福利损失产生的影响，结果显示：被调查的样本区间内，受到信贷配给的农户占总人数的 64.5%，其中受到完全配给的农户有 54%，受到部分配给的农户有 10.5%；为了避免使用 Match 模型时所遇到的内生变量问题，在评价福利损失时采用了回归的方法，相比于那些没有遭受约束的家庭而言，信贷配给的存在使农户家庭的纯收入和消费性支出都有不同程度的降低，所得估计数值分别为 18.5% 和 20.8%。

2.4 本章小结

本章是全书的理论基础，首先介绍了西方发达国家消费信贷的一般范畴，结合我国经济发展以及农村金融和农民的特点，对我国农户消费信贷的含义进行了界定，并论述了为何要在我国农村地区开展消费信贷业务。其次详细介绍了消费信贷需求与供给的经济学理论，在现代消费理论的基础上，总结了国内外关于流动性约束、消费信贷与居民消费行为的相关研究文献。通过文献综述可以看出，由于消费信贷发展历史较长，国外已经有大量关于消费信贷与居民消费行为的研究成果；消费信贷在我国起步较晚，但无论是理论研究还是实证分析，我国学者都对此积累了丰富的研究成果，但由于我国典型的二元经济结构特征，国内的相关研究文献大多是以城镇居民为研究对象，且多以宏观经济数据进行研究，数据缺乏特别是微观样本数据缺乏，因此关于农村、农户消费信贷问题的相关研究还很少，而且缺少全国的样本。基于此，本书将立足我国农村金融市场的实际特征，立足我国农户的实际特征，采用大样本微观面板调查数据，对我国农户消费信贷的一些主要问题进行定量分析，以期能为国内该领域的研究增添一些新的成果，为普惠农村金融体系的发展提供具有理论支持的政策依据。

第3章 基于宏观视角的农户消费信贷水平分析

3.1 关于我国农村金融发展的进程分析

中国的经济增长自改革开放以来就令世界所瞩目,曾经一度保持了两位数的增长速率,但农村金融的发展却与整体经济的强劲增长极不相称,农村金融依然是我国金融系统中最为薄弱的环节。农村金融在服务"三农"的过程中发挥了非常重要的作用,但是"三农"问题仍然困扰着我国经济的快速发展。虽然改革开放以来我国的农村金融制度经历了重大的变迁,推动了农村经济的向前发展,但是农村金融在发展的过程中仍然存在着很多问题,诸如农村金融的体系实际还很不完善、相关政策机制不够全面、农村金融制度相对比较落后。现阶段来自我国农村地区的金融需求量实际上很大,但供给却是严重不足,农村金融服务的覆盖面、质量和数量都不能满足要求,农村金融服务缺乏和供需结构不平衡已经严重制约了农村经济的发展。截至2013年6月,我国仍然有1696个乡镇没有任何形式的金融机构。到2012年底,我国农村常住人口占总人口数的47.4%,农村户籍人口占总人口数的64.7%,但农户贷款只占总贷款余额的5.4%,金融服务的缺乏和典型的二元金融结构加剧了二元经济和二元社会结构的矛盾。本章结合我国农村经济的特点,对我国农村金融体系的构成进行了介绍,并对我国农村金融服务需求和供给现状加以分析,而后分析我国农村居民消费信贷的发展过程,并将其与城镇居民消费信贷发展状况进行对比分析。

第3章 基于宏观视角的农户消费信贷水平分析

3.1.1 我国农村金融体系的框架

农村金融一般指农村地区的金融服务，包括储蓄、融资、借贷等。发展农村消费信贷，除了农民要有消费信贷需求外，还需要农村金融体系的消费信贷供给，这就要求农村金融机构不断转变观念，拓宽经营渠道，在制度和经营方式上进行创新。经过30多年的改革和发展，我国农村金融体系经历了多次变革，到目前为止，已经具有一定的规模和格局。但由于我国经济发展具有典型的二元特征，我国农村金融体系的格局也有其特殊性，不应该孤立地对它进行研究，而应该在国家宏观经济的背景下对我国农村金融体系进行分析。现在我国的金融机构体系层次较多，非银行类金融机构以及其他金融形式与传统的银行类金融机构共同存在于我国的金融市场，共同为农村地区的金融服务提供支持。按照是否由金融监管当局监管，将农村金融划分为正规金融机构和非正规金融机构两大类。

3.1.1.1 正规金融机构

正规金融机构是由金融当局批准并颁发金融许可证，受金融监管当局现场监管和非现场监管的金融机构和金融组织；而除此之外的农村地区的金融机构和金融组织，则被称为非正规金融安排。非正规金融不存在平滑的供给曲线，当前多家正规和非正规金融机构共同在农村金融市场发挥作用，使得非正规金融的供给曲线更加复杂，可能是多点或者是线段。目前，农村正规金融机构主要有以下几种形式：

（1）农村信用合作社。这是我国农村金融体系中最常见的一类金融组织，在我国的农村金融系统中发挥着不可替代的作用，这种合作性金融组织是农村正规金融机构中最重要的形式。农村信用社的长足发展始于2003年，当时国务院下发了《深化农村信用社改革试点方案》，改革的主要内容是围绕产权制度、管理机制、经营方式以及政策扶持等几个方面展开，并且选择了山东、浙江、重庆、陕西、江苏、江西、吉林以及贵州作为试点省份，在这些地区实行形式多样的产权制度，如合作制、股份制以及二者的结合。截至2014年底，农村信用社（不含农村商业银行和农村合作银行）的机构数是1596家，占涉农金融机构总数的44.8%；农村信用社（不含农村商业银行和农村合作银行）的营业网点是42201家，占涉农金融机构营业网点总数的51.8%；农村信用社（不含农村商业银行和农村合作银行）的从业人员数是423992人，占涉农金融机构从业人员总数的47.6%。截至2015年底，农村信用社的总资产达到了86541亿元，2003~2014年我国农村信用社资产规模、存贷款余额如表3-1所示。

表3-1 2003~2014年我国农村信用社资产规模及存贷款余额

单位：亿元，%

年份	农信社总资产	银行业金融机构总资产	占金融机构总资产比重	农信社贷款余额	农信社存款余额
2003	26509.30	276583.80	9.58	16978.69	23710.2
2004	30771.00	315989.80	9.74	19237.84	27289.1
2005	31427.00	374696.90	8.39	18680.86	27605.61
2006	34502.80	439499.70	7.85	20681.90	30341.28
2007	43434.00	531160.00	8.18	24121.61	35167.03
2008	52113.00	631515.00	8.25	27449.01	41529.1
2009	54945.00	795146.00	6.91	32156.31	47306.73
2010	63911.00	953053.00	6.71	33972.91	50409.95
2011	72047.00	1132873.00	6.36	36715.91	55698.92
2012	79535.00	1336224.00	5.95	38370.09	59724.84
2013	85951.00	1513547.00	5.68	41167.62	65119.50
2014	88312.00	1723355.00	5.12	42480.65	66539.53

资料来源：Wind资讯。

从表3-1可以看出，虽然农村信用合作社的总资产规模在逐年增加，但它占银行业金融机构总资产的比重却是下降的，这说明其他农村正规金融组织也在逐年发展和壮大，分担了我国农村金融的市场份额。2004~2014年我国农村信用社存款、贷款的增长率如图3-1所示，从中可以看出，2004~2006年，农村信用社存款、贷款余额的增长率是逐年下降的；2005年的贷款增长率是-2.90%，2005~2009年二者基本呈现出上升趋势；2009~2011年表现出小幅下降后又开始小幅度上升。总体而言，农村信用社存款、贷款的增长率波动幅度不是很大，基本呈上升趋势。

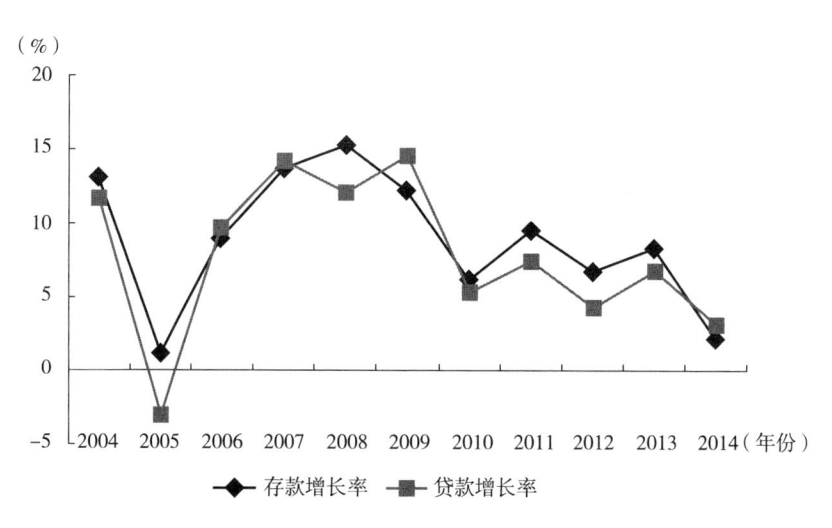

第3章 基于宏观视角的农户消费信贷水平分析

图3-1 2004~2014年农村信用社存款、贷款增长率

（2）中国农业银行。中国农业银行属于我国农村金融体系中的商业性金融机构。中国农业银行自1979年恢复以来，在推动农村经济的发展以及农村经济结构的调整中起了非常重要的作用，是我国农村金融中的重要力量。1997年亚洲金融危机后，中国农业银行开始走国有银行商业化道路，加快剥离政策性业务，撤并了很多县以下的营业网点。2010年7月，中国农业银行同时在内地发行A股，在香港发行H股，实现了史上最大IPO的上市进程。中国农业银行2004~2014年的存款和贷款增长率如图3-2所示，2011年后两者均有较大幅度的增长。

（3）中国农业发展银行。1993年12月，国务院下发了《国务院关于金融体制改革的决定》，提出了金融体制改革的目标："建立在国务院领导下，独立执行货币政策的中央银行宏观调控体系；建立政策性金融与商业金融分离，以国有商业银行为主体，多种金融机构并存的金融组织体系；建立统一开放、竞争有序、严格管理的金融市场体系。"1994年4月19日，中国农业发展银行正式成立，在国家法律法规和方针政策的指引下，中国农业发展银行以国家信用为基础，大力支持农村经济的发展，收集农业政策性信贷资金，积极承担国家规定的农业金融业务，同时还要代理财政支农资金的拨付，这些都属于其业务范围。中国农业发展银行属于典型的政策性金融机构。中国农业发展银行2005~2014年存款和贷款增长率如图3-3所示。

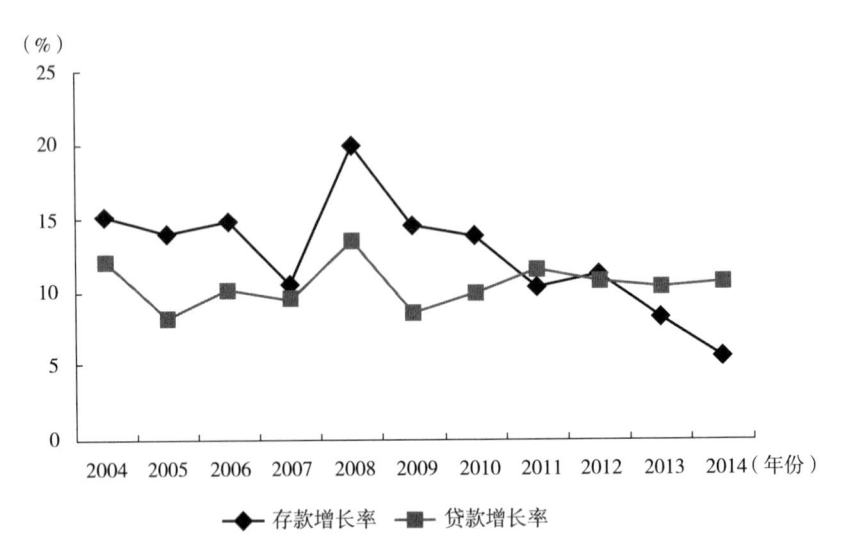

图 3-2 2004~2014 年中国农业银行存款、贷款增长率

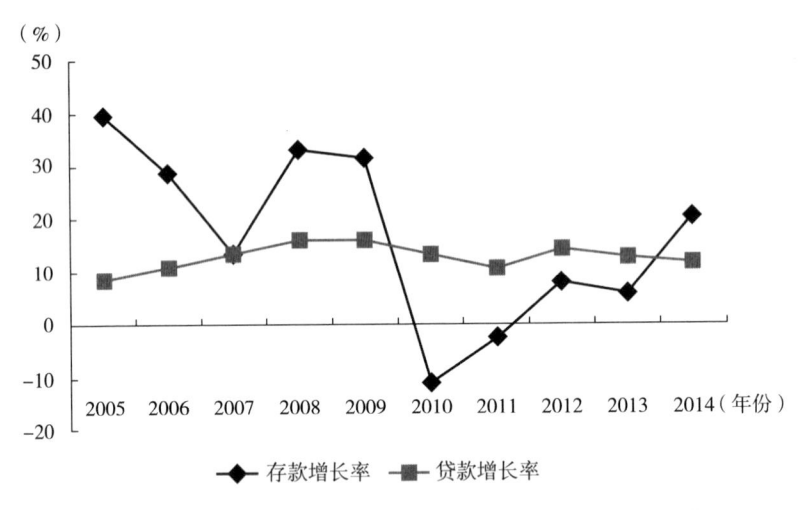

图 3-3 2005~2014 年中国农业发展银行存款、贷款增长率

（4）邮政储蓄银行。邮政储蓄银行经过 20 多年的发展，在推动农村经济的发展、提高农村居民的生活水平、改善农村居民的生活条件等方面发挥了重要的作用，是发展我国农村金融的重要力量。邮政储蓄银行是覆盖我国城乡网点面最广、交易金额最多的金融服务网络，截至 2012 年底，

邮政储蓄银行个人储蓄存款账户数是119046万户,新增账户14763万户;到2014年底,邮政储蓄银行存款余额达到了58112.63亿元;到2015年底,邮政储蓄银行从业人员数达到了253160人。邮政储蓄银行是沟通城乡居民个人结算的主要通道。2003~2014年我国邮政储蓄银行的资产规模如表3-2所示。

表3-2 2003~2014年我国邮政储蓄银行总资产 单位:亿元,%

年份	邮政储蓄总资产	银行业金融机构总资产	占金融机构总资产的比重
2003	8984.40	276583.80	3.25
2004	10849.60	315989.80	3.43
2005	13786.80	374696.90	3.68
2006	16122.00	439499.70	3.67
2007	17687.00	531160.00	3.33
2008	22163.00	631515.00	3.51
2009	27045.00	795146.00	3.40
2010	35101.00	953053.00	3.68
2011	43536.00	1132873.00	3.84
2012	53511.00	1336224.00	4.00
2013	62100.00	1513547.00	4.10
2014	70981.00	1723355.00	4.12

资料来源:Wind资讯。

从表3-2可以看出,尽管邮政储蓄银行的资产总额呈现快速上涨的趋势,但它占我国金融机构资产总额的比重并不是很高,基本维持在4%左右。

为了适应农村金融市场发展的需要,全面扩大农村金融服务的覆盖范围,更方便地服务于农村居民,在政府的引导下,很多新兴正规金融机构相继出现,如各类贷款公司、各级村镇银行以及农村资金互助社等,这些都可以纳入正规金融机构的范畴。

3.1.1.2 非正规金融机构

对应于我国经济的二元结构,我国农村金融系统也具有二元特征,除了存在正规金融机构外,非正式金融机构的存在是我国农村金融体系的又一大特点。长期以来,广大农村地区金融供给的主要力量是正规金融机构,但在20世纪90年代金融改革后,国有银行纷纷在农村撤并机构,使农村地区出现了金融匮乏,"三农"的金融需求被严重压抑与排斥。随着国家对农村金融的日益重视,各类商业银行、农村信用合作社、农村合作银行、国家开发银行、邮政储蓄银行以及村镇银行等构建起我国农村正规金融体系的框架,但是由于多数情况下农民获取金融信息不及时、受限于自身的财富水平、往往没有或者缺乏合适的信贷抵押品,正规金融机构不愿意给这些农户发放信贷资金,这就使农户遭受了正规金融的金融约束。因此,对于普惠金融而言,农村非正规金融机构的出现和存在可以在某种程度上对农户遭受的信贷约束起到缓解的作用,它是农村正规金融机构的有益补充,它的存在对于农村金融体系的进一步深化改革和完善意义重大。然而,我国农村非正式金融中介的发展速度缓慢,严重滞后,导致我国金融体系不完整,运行效率低下,这是我国金融改革过程中亟须解决的问题。

周立等在《金融排斥、金融排异与农村金融普惠》一书中指出,当前我国农村非正规金融主要有以下五种形式:

(1)临时性借贷。临时性借贷也叫个人借贷,是农村居民之间的直接借贷,一般发生在亲朋好友之间,通常是无利息或者低利息的,主要是用于村民生活急需,如看病、建房、婚丧嫁娶以及子女上学等。这种借款一般没有明确的还款期限,多以口头协议为主。

(2)职业性放贷。这类贷款的利率通常比市场利率高,常见的形式有典当行、中间商(如钱背或钱庄)、高利贷、农村合作基金会。钱背是非正规金融组织的原始形式,他们是借贷交易的中介人或者经纪人,如果借贷交易达成,他们向双方收取中介费用。钱背随着自有资金的增加,就逐渐发展成为经营存贷业务、收取利息的专业户。钱庄一般是由钱背产生的,由个人、家庭或几个朋友合伙所有,专门从事存贷业务或相关的中间业务。

(3)捆绑信贷。捆绑信贷一般由当地的企业家或者商人提供给农民,是一种与生产、销售和消费相关的交易,用于农民的生产和采购。

(4)小组金融。小组金融也叫互助借贷,其形式有小额借贷、合会以及没有获得金融监管当局许可执照的农民资金互助合作等。合会在我国的历史比较长,广泛分布于各地,其经营模式基本相同,合会在解决我国部分农村居民及农村中小企业融资困境中发挥了重要的作用。

（5）股权性借贷。如乡村企业的私人入股、集资等。农村非正规金融在发展过程中面临的最大问题是存在与发展的法律地位缺失，大部分农村非正规金融没有公开，处于隐蔽的状态。除了几种农村非正规机构处于合法地位外，其他诸如高利贷、合会、钱背等非正规金融形式的存在与发展都面临着法律上的禁止。农村非正规金融机构在组织形式方面非常松散，没有专门的从业人员，经营场所不固定，随意盲目扩大经营规模，信用形式不规范。正因如此，与正规金融机构相比，农村非正规金融机构在经营过程中存在着较大的风险，同时又缺乏管控风险的能力。分析农村非正规金融组织发展至今的原因，必须考虑我国农村经济发展的实际情形，在由计划经济体制向市场经济转型的过程中，市场经济发展的初级水平使农村经济社会的发展无论是在时间上还是在空间上都表现出了极大的不平衡性，农村市场的金融交易方式与城市相比存在较大的差异性，而正规金融机构在制度设计上还有很多缺陷，这些因素的存在为农村非正规金融组织的存在和生长提供了条件。此外，与农村正规金融机构相比，非正规金融组织在降低融资成本、捕获信息等方面具有明显的优势，这也是非正规金融组织能够在长期压制下茁壮成长的原因。

3.1.2 我国农村金融市场的需求和供给状况

3.1.2.1 农村金融市场的需求状况

我国农村和农业所面临的环境正在发生重大的变化，既充满了机遇，也有很多挑战。《国民经济和社会发展第十三个五年规划纲要》于 2016 年由第十八次全国人大通过，纲要为在接下来的第十三个五年内我国农村和农业工作的道路指明了方向。加快农村经济的发展，就要求加快建立完善的农村金融管理体系，使金融资源向农村倾斜，使我国农业在"十三五"时期顺利实现转型升级，但是现代农业转型升级的成本远高于传统农业，必须对农民的生产给予资金支持。当前我国农村金融需求的主体主要是农户和新型涉农经营企业，后者主要包括农民合作社、农村工商企业、涉农龙头企业、经营性农业服务组织以及家庭农场、专业大户等。

（1）农户的金融需求。农户是我国农村最基本的生产单元，截至 2015 年底，我国约有 6 亿农村人口，农业人口数约为 8.72 亿，占我国户籍人口总数的 63.37%。按照收入水平可以将农户划分为一般农户和贫困型农户；按照经营方式的特点可将农户划分为纯农户、种养专业大户和农业兼业户三类。农村金融体系的建立和发展都是围绕主体需求进行的，作为需求主体之一的农户，他们的信贷需求虽然影响面广、影响力大，但是由于受自身和农业生产特征的影响，农户贷款需求的满足程度要比城镇居民困难得多。受农业生产季节性和周期性的影响，农民收入的现金流是不稳定的，这势必会影响金融机构供给方对农户还款能力的评估。抵押品的缺乏也会制约农户贷款的可得性，农户的固定资产多为房屋、土地、拖拉机、农具等，这些资产的流动性差、变现难，通常不能被用作贷款的抵押品。除此之外，我国农户普遍受教育水平偏低，一般只有小学或者初中文化，而农户对于金融知识的了解更是缺乏，对很多金融政策都不了解，不关注金融信息。由于怕风险、爱稳定的传统观念根深蒂固，农户在发展生产和经济上缺少创新，只求稳定，不愿意"寅吃卯粮"。即使在生产生活中需要借贷，但由于缺乏金融素养，加之嫌正规金融机构的程序麻烦，多数情况下农户会选择从非正规金融机构借贷，最常见的是从亲朋好友处借钱，有些农户因子女上学、婚丧嫁娶、看病求医等大额刚性支出，不得不在承受高利率的情况下从私人处借钱。与城市居民不同的是，农户兼有生产与生活的双重属性，他们的资金需求一般分为生产性借贷和生活性借贷，但是从金融供给方的角度来看，二者很难被彻底分离。

(2) 农村企业与农村经济组织的金融需求。张承惠和郑醒尘在《中国农村金融发展报告 (2015)》中指出，大型农业产业化龙头企业的资金相对比较充足，其信贷需求基本能被满足，但中小微型企业面临着比较严重的资金缺口。农村中小微型企业借贷需求具有单笔规模小、短期多于长期的特点，借款渠道大多是正规金融机构。与中小微型企业相比，近几年兴起的农民专业合作社、家庭农场和各类专业协会的信贷需求满足率更低，主要是由于这些机构的财务制度、资信状况和抵押担保状况更加落后。张龙耀和程恩江的研究表明，2008~2010 年，金融机构对农民专业合作社的贷款投放余额占当年金融机构涉农贷款的比重分别约为 8.84%、7.84% 和 6.55%，投放规模逐年下降，其中一部分贷款的获得主要是依靠农民专业合作社创办人或所依托部门的社会关系，导致贷款的实际对象是创办人或依托部门。

3.1.2.2 农村金融供给分析

农村金融组织体系是农村消费信贷的提供者和经营者，是农村消费信贷能够顺利发展的重要支撑平台。我国农村正规金融机构的供给主体有中国农业银行、农村信用合作社、中国农业发展银行、农村商业银行、农村合作银行、村镇银行以及新型农村金融机构等。根据周立等提供的数据，到 2010 年底，各级信用社拥有的营业网点数最多，达到了 56944 个；邮政储蓄机构次之，有 36537 个；中国农业银行拥有营业网点数 22930 个，其中有贷款功能的营业网点数为 20329 个；农村合作银行和农村商业银行拥有的营业网点数分别是 8262 个和 9603 个。各级信用社的农业贷款最多，达到了 2229.67461 亿元，农业贷款占各级信用社各项贷款余额的比重达到了 67.55%；农户贷款为 1465.6339 亿元，农户贷款占比为 44.40%；这些数据足以说明，农村信用社是我国农村金融的"主力军"。农村合作银行的农业贷款为 538.03874 亿元，占其各项贷款余额的比重为 60.27%，农户贷款的占比为 34.78%；农村商业银行的农业贷款占比也较高，达到了 40.66%。2012 年和 2014 年我国主要农村金融机构营业网点和从业人员数如表 3-3 和表 3-4 所示，表中收集了农村信用社、农村商业银行、农村合作银行、村镇银行、贷款公司、农村资金互助社共六家金融机构的相关数据。从中可知，无论是 2012 年还是 2014 年，农村信用社的机构数、营业网点数以及从业人员数都是最多的，但是相比于 2012 年，2014 年农村信用社的机构数、营业网点数以及从业人员数都是有所下降的；村镇银行的机构数从 2012 年的 800 家上升到 2014 年的 1153 家；农村资金互助社的相关数据在两年内基本没有发生太大的改变。

表 3-3 2012 年我国主要农村金融机构营业网点和从业人员数

机构名称	机构数（个）	营业网点数（个）	从业人数（人）
涉农金融机构数合计	3274	75896	809733
农村信用社	1927	49034	502829
农村商业银行	337	19910	220042
农村合作银行	147	5463	55822
村镇银行	800	1426	30508

续表

机构名称	机构数（个）	营业网点数（个）	从业人数（人）
贷款公司	14	14	111
农村资金互助社	49	49	421

资料来源：Wind 资讯。

表3-4　2014年我国主要农村金融机构营业网点和从业人员数

机构名称	机构数（个）	营业网点数（个）	从业人数（人）
涉农金融机构数合计	3566	81397	889845
农村信用社	1596	42201	423992
农村商业银行	665	32776	373635
农村合作银行	89	3269	321614
村镇银行	1153	3088	58935
贷款公司	14	14	148
农村资金互助社	49	49	521

资料来源：Wind 资讯。

2011~2014年我国主要农村金融机构涉农贷款余额和所占百分比如表3-5和表3-6所示。从中可知，虽然2011~2014年农村信用社的涉农贷款余额是逐年增加的，但它占涉农贷款总额的比重却是逐年下降的；农村商业银行与村镇银行的涉农贷款占涉农贷款总额的比重都是上升的；农村合作银行的涉农贷款额从2011年的6204.36亿元下降至2014年的3944.00亿元，占比也从2011年的4.25%下降至2014年的1.67%。

表3-5　2011~2014年我国主要农村金融机构涉农贷款余额

单位：亿元

年份	农村商业银行	农村合作银行	村镇银行	农村信用合作社	涉农贷款总额
2011	10305.47	6204.36	963.02	29579.00	146016.00
2012	16767.00	5404.00	1797.00	31265.00	176310.00
2013	23310.92	5102.20	2924.21	33769.08	208893.00
2014	32239.00	3944.00	3974.00	34512.00	236002.10

资料来源：Wind 资讯。

表 3-6　2011~2014 年我国主要农村金融机构涉农贷款占比　　单位:%

年份	农村商业银行	农村合作银行	村镇银行	农村信用合作社
2011	7.06	4.25	0.66	20.26
2012	9.51	3.07	1.02	17.73
2013	11.16	2.44	1.40	16.17
2014	13.66	1.67	1.68	14.62

资料来源:根据表 3-5 数据整理所得。

以村镇银行为例,2012~2014 年村镇银行的贷款情况统计如表 3-7 所示,2012~2014 年,村镇银行的贷款余额逐年增加,占农村金融机构贷款余额的比例也在上升。"三农"贷款中,农户贷款的余额从 805.00 亿元增长到 2125.00 亿元,占比从 34.6% 上升到 43.7%。

表 3-7　2012~2014 年村镇银行贷款情况统计　　单位:亿元,%

年份	贷款余额	占农村金融机构贷款余额百分比	农村贷款	农业贷款	农户贷款
2012	2324.00	2.70	1610.00	558.00	805.00
2013	3634.00	3.50	2606.00	874.00	1430.00
2014	4865.00	4.00	3553.00	1213.00	2125.00

资料来源:Wind 资讯。

总体来说,自 2003 年我国农村金融体系深化改革以来,农村金融机构的资产质量得到了明显改善,支农投放的力度和广度都在不断加深,并且逐步建立了法人治理框架,有效缓解了农村金融的供需矛盾,改善了农村金融生态,在推进农村农业改革、城乡统筹发展和促进农民增收致富方面取得了良好的成效。

3.1.3　农村金融风险研究

农村金融是面向农村地区的金融服务,农村地区一般距离城市较远,居住分散,交通不便,这就决定了农村金融市场的高度分割性和分散性。在那些比较偏远的农村地区,由于基础设施薄弱,通信、电力经营不稳定，经营网点和现金押运的风险比较大，且每笔交易需要分担的固定成本较多，因此金融机构一般不愿意在这些地区开办分支机构。此外，农业生产受地域要求较为严格，生产具有明显的季节性和周期性，由于受自然条件的影响较大，因此农业生产具有较高的风险性。农业生产的波动性导致了农户收入的不稳定性，这使得金融机构在农村地区开展业务时面临的风险加大，势必会影响到农村金融的稳定性。农户缺少融资所需的抵押品，抵押物大多为房屋、土地或农机具，这些抵押物变现困难，容易形成抵押物风险。农村的特征、农业生产的特征与农户的特征三者加在一起，使农村金融的管理相比于城市金融要复杂和困难得多，因此在农村地区开展金融服务时，考虑到农村金融的特殊性，在风险防范与风险应对方面要相应采取新的手段和措施。表3-8和表3-10对2011~2014年我国主要农村金融机构涉农不良贷款余额以及涉农不良贷款比率进行了统计，受数据来源所限，以2011年为基准，表3-9描述了2012~2014年的涉农不良贷款余额增速。

表3-8 2011~2014年我国主要农村金融机构涉农不良贷款余额

单位：亿元

年份	农村商业银行	农村合作银行	村镇银行	农村信用合作社	涉农不良贷款总额
2011	188.75	137.09	1.58	2650.33	4256.97
2012	339.00	129.00	6.00	2433.00	4274.00
2013	421.42	113.47	13.63	2480.12	4739.93
2014	665.00	107.00	31.00	2433.00	5650.00

资料来源：Wind资讯。

表3-9 2012~2014年我国主要农村金融机构涉农不良贷款余额增速

单位：%

年份	农村商业银行	农村合作银行	村镇银行	农村信用合作社	涉农不良贷款余额增速
2012	79.60	-5.90	279.60	-8.20	0.40
2013	24.31	-12.04	127.17	1.94	10.90
2014	57.80	-5.70	127.40	-1.90	19.20

资料来源：Wind资讯。

表 3-10　2011~2014 年我国主要农村金融机构涉农不良贷款比率　　单位:%

年份	农村商业银行	农村合作银行	村镇银行	农村信用合作社	涉农不良贷款比率
2011	1.80	2.20	0.10	9.00	2.90
2012	2.00	2.40	0.30	7.80	2.40
2013	1.80	2.20	0.50	7.30	2.30
2014	2.10	2.70	0.80	7.00	2.40

资料来源：Wind 资讯。

从表 3-8 至表 3-10 中可以看出，农村信用合作社的不良贷款余额相对最多，但其不良贷款比率是逐年下降的，2012 年和 2014 年农村信用合作社的不良贷款余额增速都是负值。农村商业银行和村镇银行的不良贷款余额虽然逐年增加，但不良贷款余额的增速还是有所下降的，只是村镇银行不良贷款增速的数值相对比较大，这可能是由于村镇银行的发展历史还比较短，面对的对象主要是"三农"，其经营方式和风险防范机制还需要进一步完善。

农村消费信贷作为农村金融的重要组成部分，也面临着风险防范的问题。农村消费信贷面对的对象主要是农户，是为了满足农村居民的生活需要、平滑农户的消费而发放的贷款。它的信用额度一般比较小，不会大量占用银行的信贷资金，贷款的期限也比较灵活，这一方面可以减轻农村居民的还款压力，另一方面可以部分分散放贷部门回收贷款的风险；分期付款的还款方式还有助于对消费者的还款信用进行监管，而个人信用恰好是征信体系建设的重要组成部分。高珊珊专门对农村地区消费信贷的风险进行了研究，对于农户消费信贷而言，信用风险是这类业务面临的主要问题，农村地区存在着特殊的"羊群效应"：借款人因为缺乏偿还的意识而发生了违约，违约的消息一经传播，其余农户进行效仿，从而发生连锁反应，导致贷款的违约率迅速提高。另外，指令性风险、经营性风险、政策性风险和来自市场的风险也都是农村消费信贷风险的构成内容。此外，由于金融机构发放的个人消费性贷款一般来说额度比较小，多数情况下可以直接提取现金，所以个人拿到贷款后不一定会将这笔贷款用于消费，有可能用于其他用途，而金融机构又无法及时对所发放贷款进行跟踪调查，这无形中增加了金融机构发放消费信贷的潜在风险。张维迎对信用风险存在的深层次原因进行了探究，信用市场上普遍存在着逆向选择和道德风险问题，这主要是由于信用双方主体即供给方和需求方在信息结构上存在的不对称所引起的。

3.2 我国农户消费信贷水平的描述性统计分析

3.2.1 农村居民消费现状分析

党的十八大提出，确保到2020年全面建成小康社会。随着小康社会建设的逐步推进，"三农"金融服务需求正在发生重大变化，农户的消费信贷需求相应增加。从经济学的角度来看，随着农民收入水平和生活水平的提高，消费水平也会不断上升，而农村市场集中了我国庞大的消费群体，消费空间非常广阔，因此，要提振我国的内需，首先应该振兴农村居民的消费市场。我国农村居民 1999~2015 年家庭人均年纯收入以及收入结构的相关统计如表 3-11 所示。

表 3-11 1999~2015 年我国农村居民年家庭人均年纯收入　　单位：元

年份	农村居民家庭人均年纯收入	工资性收入	家庭经营性收入	财产性收入	转移性收入
1999	2210.34	630.26	1448.36	31.55	100.17
2000	2253.42	702.30	1427.27	45.04	78.81
2001	2366.40	771.90	1459.63	46.97	87.90
2002	2475.63	840.22	1486.54	50.68	98.19
2003	2622.24	918.38	1541.28	65.75	96.83
2004	2936.40	998.46	1745.79	76.61	115.54
2005	3254.93	1174.53	1844.53	88.45	147.42
2006	3587.04	1374.80	1930.96	100.50	180.78

续表

年份	农村居民家庭人均年纯收入	工资性收入	家庭经营性收入	财产性收入	转移性收入
2007	4140.36	1596.22	2193.67	128.22	222.25
2008	4760.62	1853.73	2435.56	148.08	323.24
2009	5153.17	2061.25	2526.78	167.20	397.95
2010	5919.01	2431.05	2832.80	202.25	452.92
2011	6977.29	2963.43	3221.98	228.57	563.32
2012	7916.58	3447.46	3533.37	249.05	686.70
2013	8895.91	—	—	—	—
2014	9892.00	—	—	—	—
2015	10772.00	—	—	—	—

资料来源：Wind 资讯。

从表3-11可以看出，1999~2015年我国农村居民家庭人均年纯收入一直在上升，分析各项收入构成的数据后发现，不论是农村居民家庭的经营性收入还是工资性收入均逐年提高，随着城镇化过程的推进，越来越多的农民外出打工赚钱，提高了工资性收入。此外，由于城镇化进程的加速，很多农村劳动力转入了非农产业，非农就业机会的增加使很多农村劳动力常年在外从事非农业劳动，提高了农民未来现金收入的预期，有利于农民当期消费的增加。但同时我们也看到，2015年我国城镇居民家庭人均可支配收入为31790.30元，大约是农村居民家庭人均年纯收入的3倍，启动农村消费市场的关键还是在于稳步提高农村居民的收入水平。

随着农村居民收入水平的提高，他们的消费质量在不断提升，消费结构也发生了变化，用于满足生存需要的消费性支出的比重在不断下降，由此所引发的农民消费结构的变化必然会对农民的消费需求产生影响，农民消费需求的增加也会在不同程度上影响农户对于消费性融资的需求。下面对近几年来我国农民的消费支出构成变化的情况进行描述，2000~2013年我国农村居民家庭人均全年消费性支出及恩格尔系数如表3-12所示，从相关数据可知，农村居民人均全年消费性支出是逐年递增的，但农民的食品消费性支出比重却是下降的，这说明农民的生活水平提高了，正在由生存消费向发展性消费和享受性消费过渡。

表 3-12 2000~2013 年我国农村居民家庭人均全年消费性支出及恩格尔系数

单位：元,%

年份	农村居民家庭人均全年消费性支出	农村居民家庭恩格尔系数
2000	1670.13	49.10
2001	1741.09	47.70
2002	1834.31	46.20
2003	1943.30	45.60
2004	2184.65	47.20
2005	2555.40	45.50
2006	2829.02	43.00
2007	3223.85	43.10
2008	3660.68	43.70
2009	3993.45	41.00
2010	4381.82	41.10
2011	5221.13	40.40
2012	5414.47	39.33
2013	6112.85	37.70

资料来源：Wind 资讯。

1995~2013 年我国农村居民人均年度消费支出如表 3-13 所示；1995~2013 年我国农村居民人均年度消费百分比如表 3-14 所示；1995~2015 年我国农村居民家庭平均每百户耐用消费品拥有量如表 3-15 所示，主要列出了六种耐用消费品，分别是家用电脑、空调、彩色电视机、电冰箱、洗衣机和摩托车。虽然由表 3-13 可知农村居民的各项消费支出都在逐年增长，但表 3-14 中的数据显示，在全年消费性支出的百分比构成中，食品类消费支出还是占据了很大的比重，2000 年之前甚至占到了 50% 以上，截至 2013 年，农村居民的人均食品类消费支出依然占全年消费性总支出的 37.70%。农村居民消费性支出的另一个主要部分是居住性消费支出，随着生活质量的提高，农村居民的居住条件也在不断改善，居住性消费支出从 1995 年的 182.21 元增长到 2013 年的 1169.30 元，翻了五倍之多。除此之外,农民在医疗、文教娱乐以及交通和通信方面的支出比重也在逐年增加,这也从侧面反映出以此为代表的第三产业在农村有很大的市场空间,为我国今后产业结构的调整提供了参考方向。总体而言,农村居民的消费结构发生了很大的变化,正在从温饱型为主的消费结构向小康型的消费结构过渡,但是与城镇居民的消费结构相比,二者还是有很大的差别。

表 3-13 1995~2013 年我国农村居民人均年度消费支出   单位:元

年份	衣着类消费支出	食品类消费支出	居住性消费支出	医疗费用支出	交通和通信费用支出	文教娱乐用品及服务支出	家庭设备及服务消费支出	其余消费性支出
1995	89.79	768.19	182.21	42.48	33.76	102.40	68.48	23.06
1996	113.77	885.51	219.09	58.26	47.08	132.48	84.22	31.74
1997	109.41	890.30	233.25	62.45	53.92	148.19	85.41	34.27
1998	98.06	849.64	239.62	68.13	60.68	159.41	81.92	32.88
1999	92.04	829.05	232.70	70.02	68.73	168.33	82.27	34.33
2000	95.95	820.52	258.34	87.57	93.13	186.72	75.45	52.46
2001	98.68	830.72	279.06	96.61	109.98	192.64	76.98	56.42
2002	105.00	848.35	300.16	103.94	128.53	210.31	80.35	57.66
2003	110.27	886.03	308.38	115.75	162.53	235.68	81.65	43.01
2004	120.16	1031.91	324.25	130.56	192.63	247.63	89.23	48.27
2005	148.57	1162.16	370.16	168.09	244.98	295.48	111.44	54.52
2006	168.04	1216.99	468.96	191.51	288.76	305.13	126.56	63.07
2007	193.45	1388.99	573.80	210.24	328.40	305.66	149.13	74.19
2008	211.80	1598.75	678.80	245.97	360.18	314.28	173.98	76.67
2009	232.50	1636.04	805.01	287.54	402.91	340.56	204.81	84.10
2010	264.03	1800.67	835.19	326.04	461.10	366.72	234.06	94.02
2011	341.34	2107.34	961.45	436.75	547.03	396.36	308.88	121.99
2012	396.14	1863.11	1054.17	513.81	652.79	445.49	341.42	147.54
2013	437.67	2054.46	1169.30	613.93	795.79	485.58	384.53	171.59

资料来源:Wind 资讯。

表 3-14　1995~2013 年我国农村居民人均年度消费百分比　　单位:%

年份	衣着类消费支出	食品类消费支出	居住性消费支出	医疗费用支出	交通和通信费用支出	文教娱乐用品及服务支出	家庭设备及服务消费支出	其余消费性支出
1995	6.85	58.62	13.91	3.24	2.58	7.81	5.23	1.76
1996	7.24	56.33	13.94	3.71	2.99	8.43	5.36	2.02
1997	6.77	55.05	14.42	3.86	3.33	9.16	5.28	2.12
1998	6.17	53.43	15.07	4.28	3.82	10.02	5.15	2.07
1999	5.83	52.56	14.75	4.44	4.36	10.67	5.22	2.18
2000	5.75	49.10	15.47	5.24	5.58	11.18	4.52	3.14
2001	5.67	47.70	16.03	5.55	6.32	11.06	4.42	3.24
2002	5.72	46.20	16.36	5.67	7.01	11.47	4.38	3.14
2003	5.67	45.60	15.87	5.96	8.36	12.13	4.20	2.21
2004	5.50	47.20	14.84	5.98	8.82	11.33	4.08	2.21
2005	5.81	45.50	14.49	6.58	9.59	11.56	4.36	2.13
2006	5.94	43.00	16.58	6.77	10.21	10.79	4.47	2.23
2007	6.00	43.10	17.80	6.52	10.19	9.48	4.63	2.30
2008	5.79	43.70	18.54	6.72	9.84	8.59	4.75	2.09
2009	5.82	41.00	20.16	7.20	10.09	8.53	5.13	2.11
2010	6.03	41.10	19.06	7.44	10.52	8.37	5.34	2.15
2011	6.54	40.40	18.41	8.37	10.48	7.59	5.92	2.34
2012	7.32	39.33	19.47	9.49	12.06	8.23	6.31	2.72
2013	7.16	37.70	19.13	10.04	13.02	7.94	6.29	2.81

资料来源：根据表 3-13 整理计算而得。

表 3-15　1995~2015 年我国农村居民家庭平均每百户耐用消费品拥有量

单位：台

年份	家用电脑	空调	彩色电视机	电冰箱	洗衣机	摩托车
1995	—	0.20	16.92	5.15	16.90	4.91

续表

年份	家用电脑	空调	彩色电视机	电冰箱	洗衣机	摩托车
1996	—	0.30	22.91	7.27	20.54	8.45
1997	—	0.40	27.32	8.49	21.87	10.89
1998	—	0.60	32.59	9.25	22.81	13.52
1999	—	0.70	38.24	10.64	24.32	16.49
2000	0.50	1.32	48.74	12.31	28.58	21.94
2001	0.70	1.70	54.41	13.59	29.94	24.71
2002	1.10	2.29	60.45	14.83	31.80	28.07
2003	1.40	3.45	67.80	15.89	34.27	31.80
2004	1.90	4.70	75.09	17.75	37.32	36.15
2005	2.30	6.40	84.00	20.10	40.20	40.70
2006	2.76	7.28	89.43	22.48	42.98	44.59
2007	3.68	8.54	94.38	26.12	45.94	48.52
2008	5.36	9.82	99.22	30.19	49.11	52.45
2009	7.46	12.23	108.94	37.11	53.14	56.64
2010	10.37	16.00	111.79	45.19	57.32	59.02
2011	17.96	22.58	115.46	61.54	62.57	60.85
2012	21.36	25.36	116.90	67.32	67.22	62.20
2013	20.00	29.80	112.90	72.90	71.20	61.10
2014	23.50	34.20	115.60	77.60	74.80	67.60
2015	25.70	38.80	116.90	82.60	78.80	67.50

资料来源：Wind 资讯。

从表 3-15 可以看出，1995~2015 年，我国农村居民家庭平均每百户耐用消费品的拥有量是逐年增加的。随着农民收入水平的增加和农村经济的发展，农民的消费观念也在逐渐发生转变，从以往的积累型消费慢慢向超前型消费过渡。正因如此，农民对于住房的支出、中高档型耐用消费品的支出、医疗以及教育的支出等构成了当下农民对于消费信贷需求的主要内容。

3.2.2 农村居民消费信贷现状分析

由于消费信贷在我国起步较晚，并且首先在城市进行推广，所以一直以来关于农村居民消费信贷的宏观数据较少，本书只能在现有资源条件下对农村居民消费信贷的情况进行简要的统计分析。2010~2013年我国农户消费信贷及助学贷款统计、2010~2013年金融机构本外币农户贷款新增额统计、2010~2013年金融机构本外币农户贷款新增额占新增贷款的比重，以及2010~2013年金融机构本外币农户贷款余额占各项贷款余额的比重如表3-16~表3-19所示。受限于所得资源，本书只对消费信贷中的助学贷款进行了统计。

表3-16　2010~2013年我国农户消费信贷及助学贷款统计

单位：亿元

年份	农户消费信贷	农户助学贷款	助学贷款占消费信贷的比重	农户生产经营性贷款
2010	4105.90	93.90	2.29	21937.30
2011	5176.00	128.00	2.47	25847.00
2012	6577.00	164.00	2.49	29618.00
2013	9828.00	196.00	1.99	35219.00

资料来源：Wind 资讯。

表3-17　2010~2013年金融机构本外币农户贷款新增额统计

单位：亿元

年份	农户生产经营性贷款	农户消费贷款	农户消费贷款：助学贷款
2010	4563.00	1346.00	-22.60
2011	4024.00	1055.00	35.00
2012	3703.00	1298.00	36.00
2013	5706.00	3188.00	31.00

资料来源：Wind 资讯。

第3章 基于宏观视角的农户消费信贷水平分析

表3-18 2010~2013年金融机构本外币农户贷款新增额占新增贷款的比重

单位:%

年份	农户生产经营性贷款	农户消费贷款	农户消费贷款：助学贷款
2010	5.50	1.60	—
2011	5.10	1.30	—
2012	4.10	1.40	—
2013	6.10	3.40	—

资料来源：Wind资讯。

表3-19 2010~2013年金融机构本外币农户贷款余额占各项贷款余额的比重

单位:%

年份	农户生产经营贷款占各项贷款比重	农户消费贷款占各项贷款比重
2010	4.30	0.80
2011	4.40	0.90
2012	4.40	1.00
2013	4.60	1.30

资料来源：Wind资讯。

从表3-16~表3-19可知，2010年农户消费信贷的数额是4105.90亿元，2013年这一数据达到了9828.00亿元。农户助学贷款占农户消费信贷比重的波动性比较小，基本维持在2%左右。相比之下，农户生产经营性贷款的数额要比消费信贷的数额大得多，它占各项贷款余额的比重在这四年内基本维持在4.4%左右；农户消费信贷占各项贷款余额的比重却较小，2010年的数值只有0.80%，2013年才只有1.30%。这些数据说明我国农村消费信贷市场还远未被开发，占我国整体消费信贷市场的份额还非常小，消费信贷在农村地区还有非常广阔的发展前景。同时我们也应该看到，农村地区的金融供给严重不足，很多地区还得不到金融服务的支持，农村地区金融服务还是非常匮乏的。鉴于这样的实际情况，我国农村金融体系的改革应该以切实服务农村为基本出发点，构建一个覆盖全面、层次分明、形式多样的金融系统，使农村金融组织真正能够服务于农民，从政策层面解决农村金融供给不足的现状，使农村金融机构适合农村经济发展的实际情况，贴近农村、贴近农户。

3.3 消费信贷在我国农村与城市地区发展差异的比较分析

我国农村地区消费信贷的发展要比城市地区晚,发展水平也比较落后,因此关于农村消费信贷积累的数据还不是很多。总体来说,消费信贷在我国的发展速度较快,总量在不断攀升,但我国消费信贷的波动受国家政策的影响比较明显。2007~2013年我国城镇居民消费信贷与农户消费信贷统计如表3-20所示。从中可以看出,不管是农村居民消费信贷,还是城镇居民消费信贷,总量都在不断增加,但就二者占当年消费信贷总额的比重来看,农村居民消费信贷的份额还是很小的,2013年农户消费信贷占比是7.57%,而相同年份的城市居民消费信贷占比却达到了92.43%。同时我们也看到,2007~2013年,城镇居民消费信贷占比在逐渐下降,但下降比例不是很大,而农户消费信贷占比却在小幅度上升。从现有积累的这些宏观数据可以看出,消费信贷在我国农村地区的发展水平还是比较低下的,农村消费信贷市场的发展与兴旺对于扩大内需、提升居民消费水平意义重大。

表 3-20 2007~2013年我国城镇居民消费信贷与农户消费信贷统计

单位:亿元

年份	当年消费信贷总额	农户消费信贷	农户消费信贷占比	城镇居民消费信贷	城镇居民消费信贷占比
2007	32751.41	1539.00	4.70	31212.41	95.30
2008	37234.85	1971.00	5.29	35263.85	94.71
2009	55366.05	2814.00	5.08	52552.05	94.92
2010	75107.68	4105.90	5.47	71001.78	94.53
2011	88777.85	5176.10	5.83	83601.75	94.17
2012	104439.40	6577.00	6.30	97862.40	93.70
2013	129819.01	9828.00	7.57	119991.01	92.43

资料来源:根据Wind资讯相关数据整理。

2008~2013年农村地区与城市地区居民消费信贷的增长率如图3-4所示，可以看到，2008~2013年两种增长率的波动幅度都不是很大，2009年农户消费信贷增长率达到了42.77%，城镇居民消费信贷增长率达到了49.03%，之后二者均开始下降。当时金融危机对全球经济都产生了深远的影响，为了保持国内经济的稳定增长，提振内需，国家出台了一系列鼓励消费信贷发展、促进居民消费水平提高的措施，消费信贷在2009年出现了繁荣；之后由于受到经济危机的严重影响，城镇居民和农村居民的消费信贷的增长速度都有所放缓。

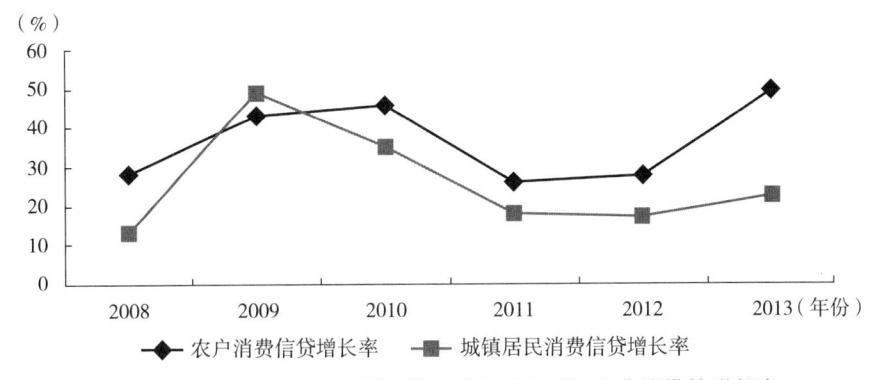

图3-4　2008~2013年农村地区与城市地区居民消费信贷的增长率

经历了近20年的发展历程，消费信贷在我国已经发展形成了比较完整的信贷产品体系。目前国内金融机构提供的消费信贷品种基本上涵盖了我国居民消费支出的绝大多数内容，这些消费信贷的用途主要有旅游性消费、医疗消费、装修住房花销、助学贷款、购买大件耐用品等。特别值得一提的是，我国居民的消费信贷品种包含住房消费信贷，甚至可以说我国城市居民主要把消费性贷款用来购买住房。2006~2016年我国个人住房消费贷款季度数据如表3-21所示，由于受Wind资讯数据来源限制，表3-21中缺失2006年第一季度，2013年第一季度和2016年第四季度的数据。除了个别季度出现负增长率之外，个人住房消费信贷一直保持正的增长率，季度最高增长率达到了17.11%。

图3-5是个人住房消费贷款占当年消费信贷总额的百分比。可以看出，个人住房贷款占我国消费信贷总额的比重一直很大，2006年达到了94.34%，虽然之后有所下降，但是2015年这个数值依然达到了69.09%，说明其他形式的消费信贷所占的比例还很小，在个人住房消费信贷快速发

展的同时,也应该大力发展其他形式的消费信贷品种,改变目前消费信贷比较单一的结构,形成多层次、多样化且发展均衡的消费信贷产品体系。

表3-21 2006~2016年我国个人住房消费贷款季度数据

单位:亿元,%

季度	个人住房贷款余额	个人住房贷款余额季度增长率
2006年第二季度	21000.00	—
2006年第三季度	21803.00	3.82
2006年第四季度	22700.00	4.11
2007年第一季度	24101.00	6.17
2007年第二季度	26002.00	7.89
2007年第三季度	28600.00	9.99
2007年第四季度	30000.00	4.90
2008年第一季度	31000.00	3.33
2008年第二季度	33000.00	6.45
2008年第三季度	33000.00	0.00
2008年第四季度	29800.00	-9.70
2009年第一季度	34900.00	17.11
2009年第二季度	38600.00	10.60
2009年第三季度	43500.00	12.69
2009年第四季度	47600.00	9.43
2010年第一季度	53300.00	11.97
2010年第二季度	57400.00	7.69
2010年第三季度	60000.00	4.53
2010年第四季度	62000.00	3.33
2011年第一季度	64800.00	4.52
2011年第二季度	62600.00	-3.40
2011年第三季度	64000.00	2.24
2011年第四季度	71400.00	11.56
2012年第一季度	73000.00	2.24
2012年第二季度	69000.00	-5.48
2012年第三季度	72000.00	4.35

第 3 章 基于宏观视角的农户消费信贷水平分析

续表

季度	个人住房贷款余额	个人住房贷款余额季度增长率
2012 年第四季度	75000.00	4.17
2013 年第二季度	83000.00	10.67
2013 年第三季度	87000.00	4.82
2013 年第四季度	90000.00	3.45
2014 年第一季度	95000.00	5.56
2014 年第二季度	99000.00	4.21
2014 年第三季度	102000.00	3.03
2014 年第四季度	106000.00	3.92
2015 年第一季度	112000.00	5.66
2015 年第二季度	117000.00	4.46
2015 年第三季度	124000.00	5.98
2015 年第四季度	131000.00	5.65
2016 年第一季度	141000.00	7.63
2016 年第二季度	154000.00	9.22
2016 年第三季度	168000.00	9.09

注：由于受 Wind 资讯数据来源限制，2006 年第一季度、2013 年第一季度和 2016 年第四季度数据缺失。

资料来源：根据 Wind 资讯相关数据整理。

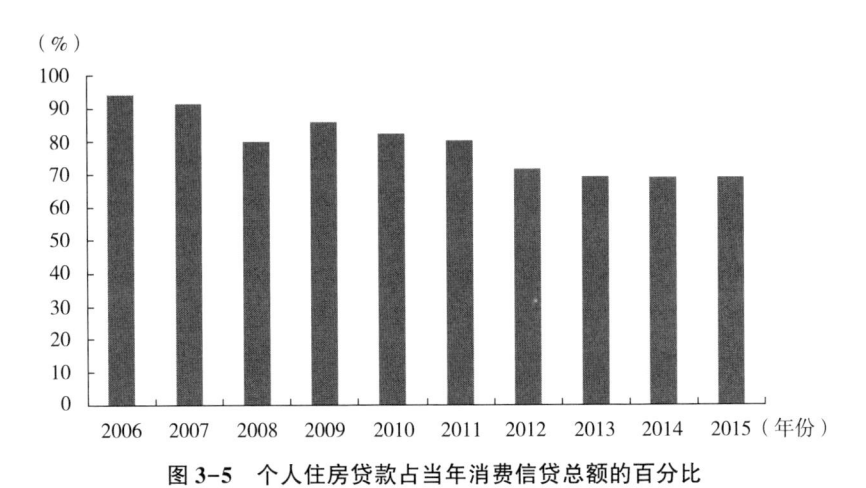

图 3-5 个人住房贷款占当年消费信贷总额的百分比

3.4 本章小结

本章以大量的宏观经济数据为基础，站在宏观视角对我国农村消费信贷的发展进行了研究。由于农村居民消费信贷是农村金融的重要组成部分，因而本章首先对目前我国农村金融体系的框架进行了分析，对正规金融机构和非正规金融机构的构成体系、发展状况及经营现状进行了统计分析，在充分考虑我国国情及农村金融市场特点的基础上，从经济学的角度阐述了我国农村的金融需求和金融供给，并对农村金融风险、农村居民消费信贷风险的成因及防范进行了研究。消费信贷的根本目的在于满足居民的消费需求，通过对我国农村居民消费水平、消费结构及耐用品消费状况的研究，说明我国农村居民的消费潜力并未被完全释放，而长期以来我国农村居民消费信贷所占份额与城镇居民消费信贷所占份额相比还有很大差距，虽然近几年农村居民消费信贷无论从总量上还是增长速度上都有所提升，但是农村消费信贷还处于刚刚起步的阶段，加之我国农村金融体系的二元结构，农村消费信贷无论是从经营方式还是管理机制上都需要加以完善。考虑到我国"三农"的实际特征，政府应该制定更多的惠农政策，农村消费信贷的发展应该以使更多的资金流回农村为目标，从而满足大部分农户的信贷需求，通过信贷来帮助农户平滑消费，提高福利水平，而不只是停留在"可望不可即"的层面。

第 4 章
农户消费信贷约束及其影响*

4.1 引言

在国民收入的分配中，我国长期重积累而轻消费。20 世纪 80 年代以来，我国消费占 GDP 的比重一直在 50% 以下徘徊，2009 年甚至降至 35.6%，国民经济中的长期投资偏好导致内需不足和经济结构严重失调，阻碍着经济的进一步发展，已引起了决策层的高度重视和经济学家的广泛关注。

20 世纪初美国银行业就已开展了消费信贷业务，与发达国家相比，我国正式金融机构的消费信贷业务起步较晚，直到中国人民银行 1999 年提出了有关个人消费信贷发展的指导意见后，消费信贷才被纳入我国正规金融机构的业务范围之中，这项业务在政策的鼓励下开始快速发展起来。然而，由于我国经济结构呈显著的二元特征，正式金融机构的消费信贷主要服务于城镇居民，在广袤的农村地区，消费信贷供给不足和需求压抑并

---

* 关于文中研究数据区间以及样本省份选取问题的说明：一是本章采用的是农业部农村固定观测点的数据，需要对固定农户进行连续追踪调查，所以无法自己补充调查。后期的数据可以对外，但受经费所限，我们并未购买。书中采用的是一个 7 年的面板数据，更新数据对农户信贷需求和金融机构信贷供给影响因素分析的影响应该不是很大，关于消费信贷配给程度的估计应该会下降，这是因为"惠农"政策的实施增加了农户的信贷机会，降低了信贷约束。此外，文章中使用的估计方法具有普遍适用性，如果有了新的数据，只需按照算法重新计算即可得到相关数据估计结果。二是我们在全国 31 个省（市、自治区）随机抽取了 10 个省份，没有抽到北京和上海，由于数据非常昂贵，我们的研究经费有限，没有购买更多省份的数据。在这 10 个省份中，从地理位置的分布来看，东北地区选取了吉林，中部地区选择了河南和湖北，西部欠发达地区选取的省份有四川、甘肃和新疆，东部较为发达的地区选取了辽宁、山东、江苏和福建，总而言之，样本的覆盖范围较为理想。

存。一方面，由于信息不对称所导致的逆向选择和道德风险，正式金融机构一般不愿意为无合格抵押品的农户提供消费信贷；另一方面，农民的消费观念向来保守，不敢"寅吃卯粮"，他们出于对未来收入的担忧而怀有极为强烈的预防性储蓄动机，这就促使大多数农民不愿意通过贷款的方式来满足当下的消费性需求，农户自发的消费信贷需求的积极性不高，从而使我国国民经济结构呈畸形发展，农户的生活水平长期在低水平上重复和循环。

农户是农村金融改革的最终目标，任何关于农村金融的研究都应该从其微观基础即农户的行为、需求和愿望出发，本章的研究正是如此，立足微观层面，采用来自1000个样本农户的连续7年的面板调查数据，运用面板Biprobit模型和动态面板数据模型，估计出农户消费信贷约束的程度及其对消费支出和纯收入的影响，并识别出影响农户消费信贷约束的主要因素，为国家制定经济与金融政策提供依据和方向。

4.1.1 我国农村的信贷配给现象

在我国农村，不论是对于中小企业还是农户，信贷配给都是普遍存在的现象。相比于其他发展中国家，我国农户遭受信贷配给的程度更为严重。除了利率管制、交易成本、道德风险、逆向选择、产权与制度缺乏以及金融垄断等可能引起信贷配给的共同根源外，从20世纪50年代开始，我国开始了工业化和城市化的进程，为了服从工业化和城镇化的发展战略，政府长期在农村实行金融管制，抑制民间金融组织和私人金融活动，使农村正规金融机构成为输出农村储蓄的工具，直接或间接地转移农村的金融资产，农村金融资产变得匮乏，这是导致农户信贷配给的重要原因之一。

信贷配给一般包括两种情形：一种是在所有的贷款申请中，只有一部分申请得到了批准，即使支付更高的利率水平，其余申请也不能被批准，对于这部分申请人来说，他们遭受了完全信贷配给；另一种是指申请的贷款额度只能部分地被满足，不能获得期望的数值，从而产生了部分信贷配给。所以，信贷配给实际上就是金融机构在对稀缺的信贷资源进行分配的过程中限制了交易的范围和规模，利率不能充分发挥作用，价格杠杆失灵，这是信贷市场区别于商品市场的显著特点。当信贷市场出现配给现象时，我们无法直接观测到供给和需求的真实值，观察的借款数额是二者共同作用后的结果，它由供给和需求中较小的一方决定。信贷配给按照产生原因的不同大概可以分为两大类：在制度外生的情况下，如果需求多于供给，而金融机构的信贷资源有限，它们就会自发地对这些信贷资源进行配给，这就产生了所谓的均衡性配给；当制度内生于信贷市场时，如果借贷成本比市场出清的利率水平低，也会导致信贷需求高于信贷供给，此时金融机构对信贷资源的配给被称为非均衡性信贷配给。信贷配给也是一种信贷约束，只是没有信贷约束的范围广，并非所有的信贷约束都是由信贷配给导致的。

4.1.2 文献回顾与评价

居民消费信贷和消费行为以消费理论为基础。Modigliani 和 Friedman 提出的生命周期假说和持久收入假说（LCH-PIH）是现代消费理论的代表。假定经济社会中存在一个完全理性，并且具有前瞻性的代表性消费者，他要使整个生命周期内的效用达到最大值，那么这个消费者要基于其一生的收入水平来合理规划跨时期消费水平。但要达到这个目标，消费者所面临的资本市场必须是完美的。生命周期假说和持久收入假说均强调消费支出与长期收入有关，但没有考虑不确定性。Hall 将 LCH-PIH 假说和理性预期相结合，采用二次效用函数，提出了著名的随机游走假说。然而，大量实证结果却拒绝了随机游走假说的结论，发现消费变动与收入变动之间存在显著的相关性，消费对收入存在"过度敏感性"。预防性储蓄理论和流动性约束假说就是为了解释这种背离而发展起来的。

预防性储蓄理论将不确定性引入分析框架。有学者分别从宏观和微观层面对预防性储蓄动机进行了研究，但不同学者关于预防性储蓄动机的强度和重要性的研究结论不一致，因此众多研究用流动性约束假说来解释消费对收入的过度敏感性。流动性约束又称信贷约束，是指由于资本市场不完善，消费者难以利用消费信贷平滑消费。流动性约束常常和消费信贷联系在一起，大量学者分析了流动性约束影响消费的原因和程度等问题。Jappelli 和 Pagano 的研究表明，消费信贷和消费波动的相关关系来自流动性约束。Smith 和 Song 以来自澳大利亚居民的数据为研究基础，在综合考虑信贷条件、居民收入水平和利率水平的情况下，研究它们对居民消费行为产生的影响，结果发现，不管消费性贷款是用于购买住房还是用于其他消费性支出，信贷的变化都会显著影响居民的消费行为。Beaton 使用来自美国 1966~1996 年的季度数据，研究结果同样支持信贷条件的变化与居民消费支出紧密相关。国内也有学者对居民消费信贷与居民消费行为之间的关系进行研究，臧旭恒和李燕娇将 C-M 消费函数进行了扩展，采用面板数据回归模型进行分析，发现无论是收入水平发生变化还是信贷条件发生变化，城镇居民的消费行为都会对此做出反应，而且这种反应是"过度敏感"的，消费信贷的主要作用是缓解当下的流动性约束，它对提高居民即期的消费水平、拉动内需具有一定的效果。赵霞采用我国农村居民收入和消费的相关数据，考察流动性约束对我国农村居民消费行为的影响，虽然研究结果也支持消费信贷对消费增长的促进作用——消费信贷能够在一定程度上缓解居民受到的流动性约束，但是相比于城镇居民，农村居民受到流动性约束的制约更为强烈。

近些年来，国内学者开始在统一的框架中分析流动性约束和不确定性对居民消费行为的影响。唐绍祥等的研究结果同样支持我国农村居民受到的流动性约束更强，在考察收入的不确定性对居民消费行为的消极影响时，城镇居民做出的反应要比农村居民更加强烈。储德银和童大龙考察了财政政策对我国居民消费行为的影响，这种影响所产生的效应是非对称的，而流动性约束则被认为是产生这种非对称效应的原因中非常重要的一个。在考虑流动性约束的条件下，消费者对于未来收入的预期会因为消费者类型的不同对消费需求产生差异极为明显的影响作用。部分学者的研究支持短期消费性贷款对消费有积极影响的结论，但也有学者认为我国消费信贷对居民消费的促进作用不明显，其主要原因是消费信贷没有流向低收入群体。

与此同时，也有学者开始关注流动性约束与农村居民消费行为之间的关系。汪浩瀚和唐绍祥认为，在整个转型期，不确定性对城镇和农村居民的消费影响都是显著的，消费信贷在提高居民当期消费水平的过程中发挥了重要作用，有效缓解了居民所受的流动性约束，应该鼓励消费信贷的发展，建立并逐步完善消费信贷相关法律体系。王柏杰利用中国省级动态面板数据研究了我国农村居民的消费行为，特别考察了由于制度变迁而带来的不确定性以及流动性约束所产生的作用和影响，认为消除制度不确定性和提供农村金融信贷支持是实现农村消费增长的途径。

关于农户信贷配给程度估计的文献，依据不同的理论视角和经验数据，大概可以划分为六大类。第一类为信贷交易成本测量法，这种方法认为除了利率之外,借款者还需要支付额外的信贷交易成本,如信贷申请成本、抵押品保证及信息收集成本等,但由于交易成本很难甚至无法度量,所以这种方法在经验分析中很少被应用。第二类是定性信息分析法,这种方法依据可使用的数据信息,去识别哪些因素影响农户遭受信贷配给的程度,并对其进行估计。第三类为定量信息估计方法,这种方法在收集样本信息时有一定的难度,但是它可以直接获得农户信贷未满足的数额,使农村金融机构对农户的信贷配给程度有直观的了解。第四类是溢出效应分析法,这种方法假定非正式金融机构的借贷成本更高,农户偏好于正规金融机构的借贷,因此可以利用农户是否参与非正规金融市场来判断农户是否遭受了正规金融机构的信贷配给,农户对非正规金融机构的信贷需求被称为是正规信贷机构的信贷溢出效应。这种方法最大的缺陷在于只能识别完全配给的情形,对于部分配给的情形不能识别。第五类是静态农户模型计量方法,该方法的主要缺点是对函数形式和自变量的选择存在争议,因此现在这类研究文献已经比较少了。第六类是农户动态投资行为分析法,通过测度和比较农户遭受信贷配给与没有遭受信贷配给时投资行为的差别,来识别农户是否遭受了信贷配给。这种方法缺乏严密的理论基础,模型的估计方法也比较复杂,因此相关研究文献还很少。综上所述,采用定性方法估计农户信贷配给的文献最多,研究方法也较为成熟。

已有文献分析了消费信贷和消费支出之间的关系,试图为流动性约束对消费行为和消费支出的影响提供更多的事实和证据。迄今为止,我们依然还没有检索到采用规范的计量方法,对农户所受的消费性融资约束的程度进行估计,并同时考察这种约束对农户福利水平产生影响的文献,本章旨在解决这两个问题。

4.2 农户消费信贷约束的计量分析

4.2.1 样本数据来源

为了区别于之前的研究文献,使关于农户消费信贷约束程度的估计结果更加稳健，本书采用了面板数据进行研究，数据由项目组通过购买的方式从我国农业部建立的农村固定观察点数据库所得，所购数据的时间长度是7年。该数据库的最大优点在于所收集的调查数据是通过对固定农户进行连续追踪的方式获得，所含数据指标丰富全面，基本上有效提供了有关农户家庭的基本情况、生产经营活动、家庭的收支状况、借贷与储蓄状况以及农户家庭所在村庄的相关数据，能够为本书研究目标的实现提供有力的事实依据。我国农村人口众多，对全部农民进行调查既不现实又不可能实现，本书所用数据库的抽样方式按照先抽取省份再抽取村庄最后抽取农户的方式进行，属于分层次分阶段抽样方法。首先按照各省份的经济发展状况，由南到北、从西至东，随机抽取了吉林、辽宁、新疆、甘肃、河南、四川、湖北、山东、江苏、福建共10个省份，其次在每个抽出来的省份中大约选择18个村庄，最后排除了最富裕和最贫穷的农户后每个村庄约抽取60户，最终得到的有效农户数为856户。调查年份内各省份获得消费贷款的农户所占的百分比如表4-1所示。

表4-1 各省份获得消费贷款的农户所占的百分比

省份	样本农户总数 ①	消费贷款农户数 ②	无消费贷款农户数 ③	$\frac{②}{①} \times 100\%$
辽宁	77	2.4	74.6	3.1%
吉林	93	14.0	79.0	15.1%
江苏	100	14.3	85.7	14.3%
福建	98	10.9	87.1	11.1%
山东	113	9.4	103.6	8.3%
河南	115	16.7	98.3	14.5%
湖北	49	17.1	31.9	34.9%
四川	95	15.6	79.4	16.4%
甘肃	88	8.9	79.1	10.1%
新疆	28	4.9	23.1	17.5%
总计	856	114.2	741.8	13.3%

从表 4-1 可以看出，在调查年份间，平均每年只有 114.2 户农户家庭发生了消费信贷借款行为，占所调查样本农户总数的比例只有 13.3%。从省份分布情况来看，辽宁省发生消费信贷行为的农户所占的比重最小，为 3.1%；较高的省份为新疆和湖北，分别为 17.5% 和 34.9%，湖北省的数据值最大，从这两个省份农户的调查数据来看，两省份农户的收入水平都不高，甚至为了满足日常衣食住行等消费性支出的需要，农户都不得不通过借贷的方式来实现。2005~2011 年获得消费贷款的农户所占的百分比如表 4-2 所示。

表 4-2　2005~2011 年获得消费贷款的农户所占的百分比

年份	样本农户总数 ①	消费贷款农户数 ②	无消费贷款农户数 ③	$\frac{②}{①} \times 100\%$
2005	856	132	724	15.4%
2006	856	113	743	13.2%
2007	856	109	747	12.7%
2008	856	100	756	11.7%
2009	856	120	736	14.0%
2010	856	108	748	12.6%
2011	856	117	739	13.7%
总计	5992	799	5193	13.3%

从表 4-2 可以看出，每年获得消费贷款的农户所占的百分比平均约为 13.3%，该数据 2005~2008 年是逐年下降的，从 15.4% 下降至 11.7%，2009 年升至 14.0%，之后又开始下降。这说明我国农户获得消费贷款的比例长期偏低，而且呈现下降的趋势。

4.2.2　变量选取和模型设定

本章计量模型中所用变量的描述性统计分析如表 4-3 所示。

表 4-3　描述性统计分析

变量	n	$\bar{x}$	s.d.	min	max
消费信贷数额	5992	18.09	91.24	0.00	1800.00
是否消费信贷	5992	0.13	0.34	0.00	1.00
户主年龄	5992	50.49	10.65	20.00	88.00
户主受教育程度	5992	7.09	2.82	0.00	15.00
土地面积	5992	12.94	23.40	0.00	331.50
生产性固定资产原值	5992	0.71	1.55	0.00	42.66
房屋原值	5992	2.81	3.49	0.04	45.00
医疗费用支出	5992	6.09	22.43	0.00	850.00
教育费用支出	5992	9.47	24.39	0.00	270.00
家庭资产原值	5992	3.52	4.02	0.04	64.66
年末存款余额	5992	1.14	2.76	0.00	94.00
年末手持现金	5992	0.26	0.39	0.00	7.33
年末家庭金融资产余额	5992	1.35	2.84	0.00	94.05
生活东部省份	5992	0.45	0.50	0.00	1.00
是否干部家庭	5992	0.10	0.30	0.00	1.00
家庭人口总数	5992	3.73	1.57	1.00	11.00
保险费用支出	5992	2.36	9.31	0.00	165.54
家庭全年纯收入	5992	1.60	1.22	-5.47	15.82
消费支出	5992	130.19	160.83	1.60	2486.00
住房费用支出	5992	25.96	131.35	0.00	2013.00
耐用品消费支出	5992	5.56	34.79	0.00	2266.00

注：①消费信贷数额就是指农户消费性贷款的数值，单位为百元。②是否消费信贷这一指标是虚拟变量，表征农户是否取得了消费贷款，1代表获得，0代表没有。③家庭全年纯收入=总收入-生产性支出，单位为万元。④户主受教育程度的单位是年。⑤土地面积表示农户当年实际经营的土地面积，用亩计量。⑥房屋原值、家庭资产原值和生产性固定资产原值的单位为万元，其中家庭资产原值为其他两项的和。⑦消费支出用百元计量，表示农户家庭全年日常费用支出；医疗费用支出、教育费用支出、保险费用支出、耐用品消费支出和住房费用支出的单位均为百元。⑧年末存款余额、年末手持现金和年末家庭金融资产余额的单位均为万元，其中年末家庭金融资产余额=年末存款余额+年末手持现金。⑨生活东部省份这项指标代表是否生活在东部省份，是虚拟变量，1表示是，0表示否，本书认定山东、江苏、福建和辽宁为东部省份，其余6个省份为非东部省份。⑩是否干部家庭这项指标是代表农户家庭地位的虚拟变量，即家中是否有成员是国家干部或者乡村干部，若有取值为1，否则为0。

第4章 农户消费信贷约束及其影响

在广袤的农村地区,由于金融管制、交易成本过高、逆向选择和道德风险以及市场垄断等原因,农户经常遭到消费信贷的约束,即使他们愿意付出更高的利率,也无法为他们的消费融资。消费信贷约束一般有两种情况,其一是完全约束,即农户想借钱,结果一点都没有借到;其二是部分约束,即农户能够借到他们想借的一部分贷款,如想借100元,结果只借到60元。在农村信贷市场的实际运行中,农户最终的借贷数额是由信贷需求和金融机构供给二者互相作用后得到的,它的大小取决于数值偏小的一方,农户真实的资金需求数额和金融机构真实的供给意愿都无法通过肉眼观察得知。因而在解决这类问题时,传统的计量经济学方法和模型就显得力不从心了,甚至无法描述和估计这类问题。Poirier 为了有效地解决这类问题,提出了 Biprobit 模型,通过这个模型不仅可以估计出农户消费信贷的约束程度,还可以识别出农户消费信贷约束的主要影响因素。本章首先构建估计农户消费信贷约束程度的模型,其次选择合适的估计方法,运用样本数据进行估计,识别出影响农户消费信贷约束程度的主要因素。

令 y_{dit}^* 表示农户 i 在 t 时所期望申请的消费信贷数额的潜变量,y_{dit} 表示农户 i 在 t 时是否需要申请消费性贷款的决定变量;y_{sit}^* 表示金融机构在 t 时愿意供给农户 i 消费信贷数额的潜变量,y_{sit} 表示金融机构在 t 时是否愿意供给农户 i 消费信贷资金的决定变量;X_{dit} 和 X_{sit} 分别代表了在 t 时对农户 i 消费信贷资金的需求和金融机构的资金供给产生影响的重要的解释变量做成的向量;u_{dit} 和 u_{sit} 为随机误差项,模型如下:

$$\begin{cases} y_{dit}^* = X_{dit}\beta_d + u_{dit}, & y_{dit} = 1\,[y_{dit}^* > 0] \\ y_{sit}^* = X_{sit}\beta_s + u_{sit}, & y_{sit} = 1\,[y_{sit}^* > 0] \end{cases} \quad (4-1)$$

根据模型(4-1),当 $y_{dit}^* > 0$ 时,$y_{dit} = 1$,农户 i 在 t 时申请贷款;反之,不申请贷款。当 $y_{sit}^* > 0$ 时,$y_{sit} = 1$,资金供给方在 t 时为农户 i 提供贷款;反之,不提供贷款。因此,农户和资金供给方共同决策的4种可能结果是:(1,1)、(1,0)、(0,0)、(0,1)。很显然,只有当结果是(1,1)时,农户才获得消费贷款,其他三种结果都表示农户没有获得消费贷款。模型(4-1)很好地描述了消费信贷市场上农户和资金供给方的行为。

为了估计出农户消费信贷的约束程度,我们设定误差项具有如下的随机效应结构:

$$u_{hit} = \alpha_{hi} + \varepsilon_{hit}, \quad h = d, s \tag{4-2}$$

其中，α_{hi} 代表不随时间推移的观测不到的个体异质性，即随机效应项；ε_{hit} 代表随时间和个体改变的随机扰动项。令 $e = [\alpha_{di} \alpha_{si} \varepsilon_{dit} \varepsilon_{sit}]^T$，假定在给定外生回归元的条件下，$e$ 是服从多元正态分布的，具有零均值向量和如下的方差—协方差矩阵：

$$\Sigma = \begin{bmatrix} \sigma_d^2 & \rho_{ds}\sigma_d\sigma_s & 0 & 0 \\ \rho_{ds}\sigma_d\sigma_s & \sigma_s^2 & 0 & 0 \\ 0 & 0 & 1 & \rho \\ 0 & 0 & \rho & 1 \end{bmatrix} \tag{4-3}$$

从而原联立方程的误差项服从如下分布：

$$\begin{bmatrix} u_{dit} \\ u_{sit} \end{bmatrix} \sim N\left(\begin{bmatrix} 0 \\ 0 \end{bmatrix}, \begin{pmatrix} 1+\sigma_d^2 & \sigma_d\sigma_s\rho_{ds} + \rho \\ \sigma_d\sigma_s\rho_{ds} + \rho & 1+\sigma_s^2 \end{pmatrix} \right) \tag{4-4}$$

设定了计量模型和误差项的分布后，我们可以得到 t 时农户 i 是否获得了消费贷款的条件概率分布：

$$Pr(y_{it} = 1 | X_{dit}, X_{sit}, \alpha_{di}, \alpha_{si}) = Pr(y_{dit} = 1, y_{sit} = 1 | X_{dit}, X_{sit}, \alpha_{di}, \alpha_{si})$$
$$= \Phi(X_{dit}\beta_d + \alpha_{di}, X_{sit}\beta_s + \alpha_{si}, \rho)$$
$$Pr(y_{it} = 0 | X_{dit}, X_{sit}, \alpha_{di}, \alpha_{si}) = 1 - \Phi(X_{dit}\beta_d + \alpha_{di}, X_{sit}\beta_s + \alpha_{si}, \rho) \tag{4-5}$$

由条件独立假设可以得到农户 i 的联合条件似然函数为：

$$f(y_{i1}, y_{i2}, \cdots, y_{iT} | X_{dit}, X_{sit}, \alpha_{di}, \alpha_{si})$$
$$= \prod_{t=1}^{T} \{ [\Phi(X_{dit}\beta_d + \alpha_{di}, X_{sit}\beta_s + \alpha_{si}, \rho)]^{y_{it}} [1 - \Phi(X_{dit}\beta_d + \alpha_{di}, X_{sit}\beta_s + \alpha_{si}, \rho)]^{(1-y_{it})} \}$$
$$\tag{4-6}$$

式 (4-6) 不能直接使用，因其含有随机效应项。令 $\theta = [\beta_d, \beta_s, \sigma_d, \sigma_s, \rho_{ds}, \rho]^T$ 为待估参数族，根据前文所假定的随机效应项的分布形式，第 i 个农户的似然函数可以计算如下：

$$l_i(\theta) = \iint_{R^2} \prod_{t=1}^{T} \{ [\Phi(X_{dit}\beta_d + \alpha_{di}, X_{sit}\beta_s + \alpha_{si}, \rho)]^{y_{it}} [1 - \Phi(X_{dit}\beta_d + \alpha_{di}, X_{sit}\beta_s + \alpha_{si}, \rho)]^{(1-y_{it})} \} h(\alpha_{di}, \alpha_{si}) d\alpha_{di} d\alpha_{si}$$
$$\tag{4-7}$$

其中，$h(\alpha_{di}, \alpha_{si})$ 是随机效应项的联合概率密度函数，其方差—协方差矩阵为：

$$\Sigma_\alpha = \begin{bmatrix} \sigma_d^2 & \rho_{ds}\sigma_d\sigma \\ \rho_{ds}\sigma_d\sigma_s & \sigma_s^2 \end{bmatrix} \tag{4-8}$$

式（4-7）需要计算二重积分，该积分没有解析表达式，只能采用数值积分的方法。我们将在下一小节中详细介绍这类积分的算法。

4.3 基于 Halton 序列的面板数据 Biprobit 模型估计

4.3.1 引言

当诸如个体、企业或家庭一类的决策者需要在那些充满竞争性的产品以及供决策者选择的不同选择项之间做出决定时，这样的选择行为可以用计量经济学中一类很广泛的离散选择模型来进行描述。这类模型以效用最大化理论为基础，通过赋予密度函数不同的分布设定得到不同类型的离散选择模型。这类模型的应用范围极为广泛，于个体所面临的交通工具的选择、职业的选择、教育方式的选择，居民对于居住地点的选择，消费者对于商品需求的选择等，都适用离散选择模型，只不过有时决策者面临的是两类选择结果，有时则是多种选择结果。

教科书和实践中使用频率最高的两类离散选择模型是 Logit 模型和 Probit 模型，二者使用了不同的密度函数形式，Logit 模型使用的是逻辑斯蒂分布，Probit 模型使用的则是标准正态分布。Probit 模型可以被用来处理不同时期间允许重复选择的面板数据，允许任何形式的代替，因而在实践使用中要比 Logit 模型更胜一筹。上述两类模型中都只有一个选择主体，而现实中往往会面临有两个或多个选择主体的情形，且这些选择主体之间还具有相互作用，这就需要对上面的单方程模型进行推广。对于 Probit 模型而言，可以将其推广至二元 Probit 模型，也叫做 Biprobit 模型，Green、Cameron 和 Trivedi 对截面数据 Biprobit 模型的参数估计进行了详细的介绍，但是由于面板数据比截面数据多了一个维度，因而将面板数据应用于 Biprobit 模型时会使参数估计变得复杂。Neyman 和 Scott 最早估计了面板数据 Biprobit 模型，并且对固定效应模型中的"偶发性参数估计问题"进行了研究，后续关于该问题进行深入研究的文献参见 Heckman、Lancaster。Butler 和 Moffitt 详细研究了两项选择单方程面板数据随机效应模型的参数估计和统计推断问题。将面板数据 Biprobit 模型用于实证分析的研究文献也日渐增多，如 Devicienti 和 Poggi、Kano、Miranda 等。国内也有利用 Biprobit 模型进行实证分析的文献，如李锐和朱熹、李庆海等，前者将 Biprobit 模型应用于截面数据，估计农户遭受金融抑制的程度；后者也是对信贷约束的程度进行估计，只不过采用了更为稳健的面板数据模型，但关于随机效应项的分布设定存在一定的局限性。

现有的计量经济学软件如 EViews、Stata、SPSS 等，都可以直接做单方程离散选择模型的估计，包括截面数据模型和面板数据模型，但是这些软件只可以直接估计截面数据 Biprobit 模型，目前尚没有对面板数据 Biprobit 模型进行参数估计的命令语句可以使用，相比于单方程离散选择模型以及截面数据 Biprobit 模型，面板数据 Biprobit 模型的参数估计方法更为复杂，本章将对此问题展开探讨。

4.3.2 模型构建及参数估计

参数估计是使用面板数据 Biprobit 模型进行研究的第一步，是这类模型相关理论中的重点和难点，同时也是后续进行统计推断和假设检验的基础。一方面，传统的极大似然方法由于遇到二重积分的计算问题，因此不能用于估计面板数据 Biprobit 模型，需要寻找其他方法实现参数估计；另一方面，由于计量经济学软件中没有相应的命令语句，模型的使用者必须通过自己编写程序语言来实现相关的计算，这无疑增加了研究者对这类模型的使用难度。本书将以面板数据 Biprobit 模型为研究对象，借鉴 Haan 和 Uhlendorff 关于具有不可观测"异质性"多元选择 Logit 模型的模拟极大似然估计方法，采用基于 Halton 序列的模拟极大似然法估计面板数据 Biprobit 模型。与使用传统数值积分公式的算法相比，通过使用基于 Monte Carlo 积分的模拟极大似然算法，可以避免积分节点的选取以及由此所产生的数值不稳定性，且基于 Halton 序列的抽样能够使算法在不需要过多抽样的情况下达到求解的精度要求，算法易于实现。参数估计的基础是构建面板数据 Biprobit 模型，由于所用的数据类型是面板数据，所以在模型设定时需要首先确定是固定效应模型还是随机效应模型。本书构建的随机效应模型，之所以没有设定成固定效应模型，原因在于会出现"偶发性参数问题"，而且参数估计过程会变得异常复杂，所得估计量也并非一致估计，可以参照 Green 的方法，在不考虑有效性的前提下，将二元 Biprobit 模型的两个方程分开进行估计。

4.3.2.1 面板数据随机效应项 Biprobit 模型的设定

离散选择模型是微观计量经济学的重要内容之一，之前受限于微观数据，这类模型的使用并不广泛。随着数据获取技术的升级以及研究者的重视，越来越多的微观面板数据可以被获得，其不再是使用离散选择模型进行研究的"瓶颈"。Probit 模型是单方程模型，而 Biprobit 模型中含有两个方程，它表示了两个选择主体的选择行为，这两个选择主体之间具有互相影响。很多问题都可以转化为 Biprobit 模型，如内生抽样问题和具有内生解释变量的二元选择 Probit 模型。一般地，面板数据 Biprobit 模型的表达式如下：

$$\begin{cases} y_{1it}{}^* = X_{1it}'\beta_1 + \varepsilon_{1it} + \alpha_{1i}, \ y_{1it} = 1 \text{ 如果 } y_{1it}{}^* > 0, \ y_{1it} = 0 \text{ 其他}, \\ y_{2it}{}^* = X_{2it}'\beta_2 + \varepsilon_{2it} + \alpha_{2i}, \ y_{2it} = 1 \text{ 如果 } y_{2it}{}^* > 0, \ y_{2it} = 0 \text{ 其他}, \end{cases}$$

$$\begin{pmatrix} \varepsilon_{1it} \\ \varepsilon_{2it} \end{pmatrix} \Big| X_{1it}, X_{2it} \sim N\left[\begin{pmatrix} 0 \\ 0 \end{pmatrix}, \begin{pmatrix} 1 & \rho \\ \rho & 1 \end{pmatrix}\right]$$

(4-9)

其中，α_{1i}、α_{2i} 代表不可观测的个体异质性，$i = 1, 2, \cdots, n$；$t = 1, 2, \cdots, T$。式（4-9）的关键在于如何设定 $(\alpha_{1i}, \alpha_{2i})$。本章设定 $(\alpha_{1i}, \alpha_{2i})$ 是服从如下分布的随机效应项：

$$\begin{pmatrix} \alpha_{1i} \\ \alpha_{2i} \end{pmatrix} \Big| X_{1it}, X_{2it} \sim N\left[\begin{pmatrix} 0 \\ 0 \end{pmatrix}, \begin{pmatrix} \sigma_1^2 & \sigma_1\sigma_2\rho_{12} \\ \sigma_1\sigma_2\rho_{12} & \sigma_2^2 \end{pmatrix}\right] \quad (4-10)$$

为了求式（4-9）的似然函数，令 $q_{1it} = 2y_{1it} - 1$，$q_{2it} = 2y_{2it} - 1$，则：

$$q_{jit} = \begin{cases} 1, \text{ 如果 } y_{jit} = 1 \\ -1, \text{ 如果 } y_{jit} = 0 \end{cases}, \ i = 1, 2, \cdots, n; \ j = 1, 2$$

令 $z_{jit} = X_{jit}'\beta_j + \alpha_{ji}$，$\omega_{jit} = q_{jit}z_{jit}$，$j = 1, 2$；并令 $\rho_{it*} = q_{1it}q_{2it}\rho$，则：

$$P(Y_{1it} = y_{1it}, Y_{2it} = y_{2it} | X_{1it}, X_{2it}, \alpha_{1i}, \alpha_{2i}) = \Phi_2(\omega_{1it}, \omega_{2it}, \rho_{it*})$$

(4-11)

其中，Φ_2 代表二元正态分布函数。假定 X 代表外生回归元的集合，即

$X=\{X_{1it}, X_{2it} | i=1, 2, \cdots, n; i=1, 2, \cdots, T\}$，利用随机效应项的分布假设，可以得到个体 i 的似然函数为：

$$L_i = P((y_{1i1}, y_{2i1}), (y_{1i2}, y_{2i2}), \cdots (y_{1iT}, y_{2iT})|X)$$

$$= \iint_{R^2} \left[\prod_{t=1}^{T} \Phi_2(\omega_{1it}, \omega_{2it}, \rho_{it^*})\right] f(\alpha_{1i}, \alpha_{2i}) d\alpha_{1i} d\alpha_{2i} \quad (4-12)$$

$$= E_{(\alpha_{1i}, \alpha_{2i})} \left[\prod_{t=1}^{T} \Phi_2(\omega_{1it}, \omega_{2it}, \rho_{it^*})\right]$$

其中，$f(\alpha_{1i}, \alpha_{2i})$ 是随机效应项 $(\alpha_{1i}, \alpha_{2i})$ 的联合概率密度函数，从而所有个体的对数似然函数为：

$$\ln L = \sum_{i=1}^{n} \ln L_i = \sum_{i=1}^{n} \ln \left(\iint_{R^2} \left[\prod_{t=1}^{T} \Phi_2(\omega_{1it}, \omega_{2it}, \rho_{it^*})\right] f(\alpha_{1i}, \alpha_{2i}) d\alpha_{1i} d\alpha_{2i}\right)$$

$$(4-13)$$

4.3.2.2 局限于部分观测可知的面板数据 Biprobit 随机效应项模型

在实际的经济运行中，很多情况下我们并不能获知每一个选择主体的选择行为的全部信息，能获得的只是它们之间互相作用后的最终结果。以一个资金信贷市场为例进行说明，个体、家庭或者企业最终的借贷结果由两方面的因素决定：一是信贷需求方的资金需求，二是资金供给方的供给情况，多数情况下，我们手中获取的数据往往是个体、家庭或企业最终的借贷结果或者是借贷数额，当需求方没有信贷行为发生时，我们无法判断究竟是需求方没有需求意愿造成的还是金融机构没有供给造成的，这就出现了所谓的局部信息可知的 Biprobit 模型，这类模型最早是由 Poirior 提出并进行研究应用的。一般来说，局部信息可知的面板数据 Biprobit 随机效应项模型的表达形式如下：

$$\begin{cases} y_{1it}^* = X_{1it}'\beta_1 + \varepsilon_{1it} + \alpha_{1i}, & y_{1it} = 1[y_{1it}^* > 0] \\ y_{2it}^* = X_{2it}'\beta_2 + \varepsilon_{2it} + \alpha_{2i}, & y_{2it} = 1[y_{2it}^* > 0] \end{cases} \quad (4-14)$$

关于随机效应项 $(\alpha_{1i}, \alpha_{2i})$ 的设定同式 (4-9)，最终观测结果记为 Y_{it}，通常我们只能观测到 $Y_{it}=1$ 或 $Y_{it}=0$ 的情形，且

$$P(Y_{it}=1) = P(Y_{1it}=1, Y_{2it}=1) = \Phi_2(X_{1it}'\beta_1 + \alpha_{1i}, X_{2it}'\beta_2 + \alpha_{2i}, \rho)$$

$$P(Y_{it}=0) = 1 - P(Y_{it}=1) = 1 - \Phi_2(X_{1it}'\beta_1 + \alpha_{1i}, X_{2it}'\beta_2 + \alpha_{2i}, \rho)$$

$$(4-15)$$

计算方法同式 (4-13)，该模型的对数似然函数为：

$$\ln L = \sum_{i=1}^{n} \ln L_i$$
$$= \sum_{i=1}^{n} \ln \left\{ \iint_{R^2} \left[\prod_{t=1}^{T} (\Phi_2 (X_{1it}'\beta_1 + \alpha_{1i}, X_{2it}'\beta_2 + \alpha_{2i}, \rho)^{y_{it}} (1 - \Phi_2 (X_{1it}'\beta_1 + \alpha_{1i}, X_{2it}'\beta_2 + \alpha_{2i}, \rho))^{1-y_{it}} \right] f(\alpha_{1i}, \alpha_{2i}) d\alpha_{1i} d\alpha_{2i} \right\}$$
(4-16)

4.3.3 估计方法及数值模拟

至此，本章已经完成了对于面板数据 Biprobit 随机效应项模型的设定，下一步就是估计模型的参数。我们看到，式（4-13）与式（4-16）这两个极大似然函数的表达式中都含有两个复杂的二重积分，通过考察被积函数的表达形式，这两个二重积分是不存在解析解的，传统的精确极大似然法不可继续使用，必须通过数值积分的计算方法将二重积分的符号去掉。最常见的数值积分公式是 Gauss-Hermite 积分公式，Alessie 指出，由于涉及积分节点的选择问题，增加了这类公式在使用过程中的不稳定性。Haan 和 Uhlendorff 对面板数据多元选择 Logit 模型的参数估计问题进行了研究，他们也将模型设定为随机效应模型，并且分别使用 Gauss-Hermite 积分法以及 Halton 序列的模拟极大似然法进行参数估计，并对两种方法下的估计结果进行了比较分析后发现，当积分维数较高时，在同样的求解精度下，基于 Halton 序列的模拟极大似然法可以显著缩减运算的时间。下面将借鉴这种思路，来估计面板数据 Biprobit 随机效应项模型，估计过程中涉及的几个概念如下：

4.3.3.1 对数似然函数的模拟

如果需要估计如式（4-17）形式的数学期望，现在比较流行的方法是采用 Monte Carlo 积分：

$$E[g(X)] = \int_x g(x) f(x) \mathrm{d}x \qquad (4\text{-}17)$$

其中，$g(X)$ 是一个关于 X 的光滑函数，而 $f(x)$ 则是随机变量 X 的概率密度函数。对于这个积分来说，它的模拟值可以近似计算如下：

$$E[g(\hat{X})] = \frac{1}{R} \sum_{i=1}^{R} g(x_r) \qquad (4\text{-}18)$$

其中，x_r 是从分布 $f(x)$ 中抽取的容量为 R 的随机抽样。基于这种思想，如果能够获取关于二元分布密度 $f(\alpha_{1i}, \alpha_{2i})$ 的二维抽样，就可以获得对数似然函数的表达式（4-13）的模拟值：

$$\ln\hat{L} = \sum_{i=1}^{N} \ln\hat{L}_i = \sum_{i=1}^{N} \ln\left\{\frac{1}{R}\sum_{r=1}^{R}\prod_{t=1}^{T}\Phi_2(q_{1it}(X_{1it}'\beta_1 + \alpha_{1i}^r), q_{2it}(X_{2it}'\beta_2 + \alpha_{2i}^r), \rho_{it*})\right\}$$

(4-19)

如此就去掉了表达式中二重积分的符号，对于所得到的对数似然函数的近似值，就可以使用非线性最优化的方法求其数值解，现在计量软件中普遍使用的是 Newton-Raphson 算法或 BHHH 算法，其得到的参数估计结果称为模拟极大似然估计量。Gourieroux 和 Monfort 研究了模拟极大似然估计量的渐近性质及其与精确极大似然估计量之间的关系，发现当 $N^{1/2}/R \to 0$ 时，二者是渐近等价的；若 $N^{1/2}$ 与 R 增加的速率相同，那么 MSL 估计量仍然是一致的，只不过它的渐近协方差矩阵要比精确极大似然估计量的协方差矩阵大。

4.3.3.2 计算模拟对数似然函数的梯度

模拟对数似然函数求出后，也就是优化中所谓的目标函数，需要对它进行极大化。根据数值优化的相关理论，需要对模拟对数似然函数关于每一个参数求偏导并令其等于零，组成一个非线性方程组，然后求解这个非线性方程组就可以得到参数估计值。目标函数求偏导后得到的向量被称为梯度向量，无论最终使用的程序运行平台是哪种软件，只要能够给出梯度向量的显式表达，也即目标函数一阶导数的解析式而不是其数值解，都会极大地提高程序运行的速度。记个体 i 的拟似然函数为 L_i（与 4.3.2 部分的记号相同），令

$$z_{jit} = X_{jit}'\beta_j + \alpha_{ji}^r, \quad r = 1, 2, \cdots, R$$
$$\omega_{jit} = q_{jit}z_{jit}, \quad j = 1, 2$$
$$\rho_{it*} = q_{1it}q_{2it}\rho$$

ϕ_2 是二元正态分布的密度函数，其表达式为：

$$\phi_2(x_1, x_2, \rho) = \frac{e^{-(1/2)(x_1^2 + x_2^2 - 2\rho x_1 x_2)/(1-\rho^2)}}{2\pi(1-\rho^2)^{1/2}}$$

个体 i 的拟对数似然函数关于每个参数的一阶偏导数如下：

$$\frac{\partial \ln L_i}{\partial \beta_1} = \frac{1}{RL_i}\sum_{r=1}^{R}\left\{\sum_{k=1}^{T}\left[q_{1ik}g_{1ik}X_{1ik}\prod_{\substack{t=1 \\ t \neq K}}^{T}\Phi_2(\omega_{1it}, \omega_{2it}, \rho_{it*})\right]\right\}$$

第4章 农户消费信贷约束及其影响

$$\frac{\partial \ln L_i}{\partial \beta_2} = \frac{1}{RL_i} \sum_{r=1}^{R} \Big\{ \sum_{k=1}^{T} \Big[q_{2ik} g_{2ik} X_{2ik} \prod_{\substack{t=1 \\ t \neq K}}^{T} \Phi_2(\omega_{1it}, \omega_{2it}, \rho_{it*}) \Big] \Big\}$$

$$\frac{\partial \ln L_i}{\partial \rho} = \frac{1}{RL_i} \sum_{r=1}^{R} \Big\{ \sum_{k=1}^{T} \Big[q_{1ik} q_{2ik} \phi_2(\omega_{1it}, \omega_{2it}, \rho) \prod_{\substack{t=1 \\ t \neq K}}^{T} \Phi_2(\omega_{1it}, \omega_{2it}, \rho_{it*}) \Big] \Big\}$$

$$\frac{\partial \ln L_i}{\partial \sigma_1} = \frac{1}{RL_i} \sum_{r=1}^{R} \Big\{ \sum_{k=1}^{T} \Big[q_{1ik} g_{1ik} \alpha_{1i}^{r} \prod_{\substack{t=1 \\ t \neq K}}^{T} \Phi_2(\omega_{1it}, \omega_{2it}, \rho_{it*}) \Big] \Big\}$$

$$\frac{\partial \ln L_i}{\partial \sigma_2} = \frac{1}{RL_i} \sum_{r=1}^{R} \Big\{ \sum_{k=1}^{T} \Big[q_{2ik} g_{2ik} (\rho_{12} \alpha_{1i}^{r} + \sqrt{1-\rho_{12}^2} \alpha_{2i}^{r}) \prod_{\substack{t=1 \\ t \neq K}}^{T} \Phi_2(\omega_{1it}, \omega_{2it}, \rho_{it*}) \Big] \Big\}$$

$$\frac{\partial \ln L_i}{\partial \rho_{12}} = \frac{1}{RL_i} \sum_{r=1}^{R} \Big\{ \sum_{k=1}^{T} \Big[q_{2ik} g_{2ik} (\sigma_2 \alpha_{1i}^{r} - \sigma_2 \alpha_{2i}^{r} \frac{\rho_{12}}{\sqrt{1-\rho_{12}^2}}) \prod_{\substack{t=1 \\ t \neq K}}^{T} \Phi_2(\omega_{1it}, \omega_{2it}, \rho_{it*}) \Big] \Big\}$$

其中,

$$g_{1it} = \phi(\omega_{1it}) \Phi\Big(\frac{\omega_{2it} - \rho_{it*} \omega_{1it}}{\sqrt{1-\rho_{it*}}}\Big)$$

$$g_{2it} = \phi(\omega_{2it}) \Phi\Big(\frac{\omega_{1it} - \rho_{it*} \omega_{2it}}{\sqrt{1-\rho_{it*}}}\Big)$$

4.3.3.3 Halton Draws

计算式（4-19）的关键在于生成服从随机效应项（α_{1i}，α_{2i}）的分布设定式（4-9）的 R 对二维随机数（α_{1i}^{r}，α_{2i}^{r}）。可以调用伪随机数生成器来生成这样的伪随机数，但是 Cappellari 和 Jenkins 的研究文献表明，由伪随机数发生器生成的数据可能会聚集在积分区间的某个区域内，导致数值积分的结果变得很差。为了生成闭区间[0，1]上高质量的随机数，Train 提出了一种新的方法，称为 Halton Draws，每一个 Halton 序列都被一个特定的素数定义，分配给不同观测的 Halton 序列是负相关的，通过这种方法生成的随机数可以更好地覆盖闭区间[0，1]，覆盖效果优于均匀伪随机数，而且在保证求解精度的情况下并不需要抽样次数过多，Stata 软件中可以通过调用 mdraws 命令来完成这项工作。

4.3.3.4 采用 Halton 序列的模拟极大似然法

结合前面的研究结果，给出采用 Halton 序列生成闭区间[0，1]上的随机数，继而使用极大似然估计获得参数估计结果的算法步骤，用 $\theta =$

$[\beta_1, \beta_2, \sigma_1, \sigma_2, \rho_{12}, \rho]^T$ 表示全部待估参数做成的集合，采用的程序运行平台是 Stata 软件，具体步骤如下（SML 算法）：

Step 1：首先通过调用命令 mdraws 生成长度为 R 的二维 Halton 序列，记作 $\{(\alpha_{1i}^{1*}, \alpha_{2i}^{1*}), (\alpha_{1i}^{2*}, \alpha_{2i}^{2*}), \cdots, (\alpha_{1i}^{R*}, \alpha_{2i}^{R*})\}$，在后续的迭代过程中这个二维 Halton 序列是不发生改变的。

Step 2：程序运行前需要事先给定 $(\sigma_1, \sigma_2, \rho_{12})$，对 $\sum_{\alpha_{1i}, \alpha_{2i}} = \begin{pmatrix} \sigma_1^2 & \sigma_1\sigma_2\rho_{12} \\ \sigma_1\sigma_2\rho_{12} & \sigma_2^2 \end{pmatrix}$ 进行 Choleskey 分解，并进行如下变换：

$\alpha_{1i}^r = \sigma_1 \alpha_{1i}^{r*}$

$\alpha_{2i}^r = \sigma_2\rho_{12}\alpha_{1i}^{r*} + \sigma_2\sqrt{1-\rho_{12}^2}\alpha_{2i}^{r*}$, $r = 1, 2, \cdots, R$

这样做是为了得到长度为 R，取样于均值为 0，协方差矩阵为 $\sum_{\alpha_{1i}, \alpha_{2i}}$ 的二元正态分布的二维数组 $\{(\alpha_{1i}^1, \alpha_{2i}^1), (\alpha_{1i}^2, \alpha_{2i}^2), \cdots, (\alpha_{1i}^R, \alpha_{2i}^R)\}$。

Step 3：计算所有个体的拟对数似然函数：

$$\ln\hat{L} = \sum_{i=1}^N \ln\left\{\frac{1}{R}\sum_{r=1}^R \prod_{t=1}^T \Phi_2(q_{1it}(X_{1it}'\beta_1 + \alpha_{1i}^r), q_{2it}(X_{2it}'\beta_2 + \alpha_{2i}^r), \rho_{it*})\right\}$$

Step 4：程序运行之初，需要事先给定待估参数的初始值 θ_0，采用非线性最优化的方法对 $\max_\theta \ln\hat{L}$ 问题进行求解，获得参数的估计值。

采用 SML 算法就可以实现模型（4-9）的参数求解，对于模型（4-14）的参数估计，只需要对算法第三步中的模拟对数似然函数进行重新计算即可。

4.3.3.5 仿真试验

为了考察算法的有效性，接下来进行数值模拟，我们采用式（4-20）来生成模拟数据：

$$\begin{cases} y_{1it}^* = 0.42 + 0.93X_1 + 0.45X_2 - 0.64X_3 + 0.6X_4 + \eta_1 + \zeta_1, & y_{1it} = 1[y_{1it}^* > 0] \\ y_{2it}^* = 0.65 + 0.27X_1 + 0.42X_4 + \eta_2 + \zeta_2, & y_{2it} = 1[y_{2it}^* > 0] \end{cases}$$

(4-20)

其中，X_1、X_2、X_3、X_4 是独立同分布的标准正态变量，

$$\begin{Bmatrix}\eta_1 \\ \eta_2\end{Bmatrix} \sim N\left[\begin{pmatrix}0\\0\end{pmatrix}, \begin{pmatrix} 0.3 & \sqrt{0.3\times 0.62}\times 0.25 \\ \sqrt{0.3\times 0.62}\times 0.25 & 0.62 \end{pmatrix}\right] \quad (4-21)$$

第4章 农户消费信贷约束及其影响

$$\begin{Bmatrix} \zeta_1 \\ \zeta_2 \end{Bmatrix} \sim N\begin{bmatrix} \begin{pmatrix} 0 \\ 0 \end{pmatrix}, \begin{pmatrix} 1^2 & 0.33 \\ 0.33 & 1^2 \end{pmatrix} \end{bmatrix} \quad (4-22)$$

设定 Halton Draws=200，总共模拟生成 4000 个样本数据，其中个体数是 1000，每个个体被观测 4 期，采用算法 SML 进行估计，结果如表 4-4 所示。

表 4-4 数值仿真试验结果

	y_1		y_2	
	true	estimation	true	estimation
X_1	0.93	0.8857	0.27	0.2657
X_2	0.45	0.4324	—	—
X_3	−0.64	−0.6785	—	—
X_4	0.6	0.6079	0.42	0.4213
常数项	0.42	0.3758	0.65	0.7658
σ_1	$\sqrt{0.3}$	0.5497	$\sqrt{0.3}$	0.5497
σ_2	$\sqrt{0.62}$	0.8059	$\sqrt{0.62}$	0.8059
ρ_η	0.25	0.2693	0.25	0.2693
ρ_ζ	0.33	0.3550	0.33	0.3550

从表 4-4 所列的估计结果可以看出，由 SML 算法所得参数估计结果与式（4-20）参数系数的真实值非常接近，说明可以采用该算法对面板数据 Biprobit 模型的参数进行估计。下面给出的是生成 100 对二维 Halton 序列的 Stata 程序[①]：

matrix p＝（7，11）
global draws "100"
keep id　　%只保留农户的编号
sort id　　%按照农户编号对各年观测值进行排序
by id：keep if _n==1　　%保留截面变量的数目

---

① 如有需要，文中所用数据和算法程序可向作者索要。

mdraws, neq（2）dr（100）prefix（c）burn（10）prime（p）

local r = 1

while `r´ <= 100 {

by id: gen random_1`r´ = invnormal（c1_`r´）

by id: gen random_2`r´ = invnormal（c2_`r´）

local r = `r´ + 1

}

下面的部分程序语言是利用 Stata 软件进行模拟极大似然估计：

program define mybivariate_sim_d0

1.   args todo b lnf
2.   tempvar etha2 etha3 random1 random2 1j pi1 pi2 sum lnpi L1 L2 last
3.   tempname lnsig1 lnsig2 atrho12 atrho34 sigma1 sigma2 cov12
4.   mleval `etha2´ = `b´, eq(1)
5.   mleval `etha3´ = `b´, eq(2)
6.   mleval `lnsig1´ = `b´, eq(3) scalar
7.   mleval `lnsig2´ = `b´, eq(4) scalar
8.   mleval `atrho12´ = `b´, eq(5) scalar
9.   mleval `atrho34´ = `b´, eq(6) scalar
10.   qui {
11.   scalar `sigma1´ =（exp(`lnsig1´)^2）
12.   scalar `sigma2´ =（exp(`lnsig2´)^2）
13.   scalar `cov12´ =［exp(2 * `atrho12´) – 1］/［exp(2 * `atrho12´) + 1］ * ( exp( > lnsig2´) ) * ( exp(`lnsig1´))
14.   scalar `cov34´ =［exp(2 * `atrho34´) – 1］/［exp(2 * `atrho34´) + 1］
15.   gen double `random1´ = 0
16.   gen double `random2´ = 0
17.   gen double `lnpi´ = 0
18.   gen double `sum´ = 0
19.   gen double `L1´ = 0
20.   gen double `L2´ = 0
21.   by id: gen byte `last´ =（_n == _N）

第4章 农户消费信贷约束及其影响

```
22.            gen double `pi1´=0
23.            gen double `pi2´=0
24.        }
25.        matrix W = (`sigma1´, `cov12´\ `cov12´, `sigma2´)
26.        capture matrix  L=cholesky(W)
27.        if _rc ! =0 {
28.            di "Warning: cannot do Cholesky factorization of rho matrix"
29.        }
30.    local l11=L[1,1]
31.        local l21=L[2,1]
32.        local l22=L[2,2]
33.
        local repl=100   local r=1    while `r´<=`repl´{
34.            qui {
35.            replace `random1´= random_1`r´ * `l11´
36.            replace `random2´= random_2`r´ * `l22´ +random1_`r´ * `l21´
37.    replace `pi1´= binormal(`etha2´+`random1´, `etha3´+`random2´, `cov34´)
38.            replace `pi2´=1-`pi1´
39.
            replace `lnpi´=ln(`pi1´ * a1+`pi2´ * a2)
40.
            by id: replace `sum´ =sum(`lnpi´)
41.        by id: replace `L1´ =exp(`sum´[_N]) if _n==_N
42.
            by id: replace `L2´ =`L2´+`L1´ if _n==_N
43.            }
44.            local r=`r´+1
45.        }
46.
        qui gen `lj´=cond(! `last´,0, ln(`L2´/`repl´))
```

```
47.        qui mlsum `lnf´=`lj´
48.            if (`todo´==0|`lnf´>=.) exit
49.
            end
end of do-file
```

4.3.4 总结

调查手段的进步和出于研究的需要，越来越多的微观数据可以被获取，作为微观计量经济学主要构成内容的离散选择模型，它的相关理论以及应用范围日渐广泛。基于单方程 Probit 模型扩展的 Biprobit 模型，同时考察了两个具有相互影响的选择主体的选择行为结果，这种相互影响体现在允许两个方程的随机干扰项存在相关性上。该模型的参数估计是使用这类模型时需要首先解决的问题之一，现有软件中有关于单方程离散选择模型估计的命令语句包括截面数据和面板数据，也有截面数据 Biprobit 模型估计的命令语句，但是当 Biprobit 模型应用于面板数据时，参数估计问题变得复杂，传统的极大似然法不再可行，因而没有现成的命令语句可以调用。本书就面板数据 Biprobit 模型的参数估计问题展开研究，首先构建了相关模型，包括随机效应 Biprobit 模型和部分可观测随机效应 Biprobit 模型，为了处理对数似然函数中的二重积分符号，出于积分节点的选取所导致的数值不稳定性考虑，并没有采用传统的数值积分公式，而是使用 Halton 序列来生成关于随机效应项的抽样数据，解决了参数估计问题。

基于 Halton 序列的模拟极大似然法具有如下优点：①采用伪随机数发生器生成伪随机数时，会发生数据"聚集"的情况，自然会降低估计结果的稳健性，但是采用 Halton 序列生成随机数，会更好地覆盖区间 [0, 1]，且 Stata 软件中可以方便地调用 mdraws () 命令来生成 Halton 序列。②给各个观测值分配的 Halton 序列是负相关的，在保证求解精度的情况下，这种抽样方法并不需要过多的抽样次数。

面板数据 Biprobit 模型有很多扩展形式，如果在式（4-9）的解释变量中添加滞后的被解释变量作为新的解释变量，就得到了所谓的动态面板数据 Biprobit 模型，本书所提算法同样适用于该模型的参数估计，只不过由于初始条件的增多，需要估计的参数的个数多于一般的面板数据 Biprobit

模型。除此之外，一些计量模型都可以转化为面板数据 Biprobit 模型或者是该模型的变体来进行研究，如面板数据内生解释变量 Probit 模型的估计、面板数据的内生处理效应问题、面板数据的内生性抽样问题等，这些都可以作为未来进一步深入研究的方向。

4.4 实证结果的分析和讨论

利用 4.3 节介绍的方法估计出参数后，就可以计算出 t 时农户 i 遭受信贷约束的概率，计算过程如下：

令 $\xi_1 = (\varepsilon_s - \varepsilon_d)/\sqrt{2-2\rho}$，$\xi_2 = -\varepsilon_d$，$\xi_3 = \varepsilon_s$，由于 $\varepsilon_s - \varepsilon_d \sim N(0, 2-2\rho)$，从而 ξ_1、ξ_2、ξ_3 都服从标准正态分布。易知，

$$Pr(y_{dit}^* > y_{sit}^*, y_{dit}^* > 0) =$$
$$\iint_{R^2} \Phi\left(\frac{X_{dit}\beta_d + \alpha_{di} - X_{sit}\beta_s - \alpha_{si}}{\sqrt{2-2\rho}}, X_{dit}\beta_d + \alpha_{di}, \sqrt{(1-\rho)/2}\right) h(\alpha_{di}, \alpha_{si}) \, d\alpha_{di} d\alpha_{si}$$
(4-23)

$$Pr(y_{dit}^* \leqslant y_{sit}^*, y_{dit}^* > 0) =$$
$$\iint_{R^2} \Phi\left(\frac{X_{sit}\beta_s + \alpha_{si} - X_{dit}\beta_d - \alpha_{di}}{\sqrt{2-2\rho}}, X_{dit}\beta_d + \alpha_{di}, -\sqrt{(1-\rho)/2}\right) h(\alpha_{di}, \alpha_{si}) \, d\alpha_{di} d\alpha_{si}$$
(4-24)

根据式（4-23）、式（4-24）可得

$$Pr(y_{dit}^* > 0) = Pr(y_{dit}^* \leqslant y_{sit}^*, y_{dit}^* > 0) + Pr(y_{dit}^* > y_{sit}^*, y_{dit}^* > 0)$$
(4-25)

给定外生回归元的值，t 时农户 i 遭受信贷约束的概率为：

$$Pr(y_{dit}^* > y_{sit}^* | y_{dit}^* > 0) =$$
$$\frac{\iint_{R^2} \Phi\left(\frac{X_{dit}\beta_d + \alpha_{di} - X_{sit}\beta_s - \alpha_{si}}{\sqrt{2-2\rho}}, X_{dit}\beta_d + \alpha_{di}, \sqrt{(1-\rho)/2}\right) h(\alpha_{di}, \alpha_{si}) \, d\alpha_{di} d\alpha_{si}}{Pr(y_{dit}^* > 0)}$$
(4-26)

t 时农户 i 遭受完全信贷约束的概率为:

$$Pr(y_{dit}^* > y_{sit}^*, \ y_{sit}^* \leq 0 | y_{dit}^* > 0) =$$

$$\frac{\iint_{R^2} \Phi(X_{dit}\beta_d + \alpha_{di}, \ -X_{sit}\beta_s - \alpha_{si}, \ -\rho) h(\alpha_{di}, \ \alpha_{si}) d\alpha_{di} d\alpha_{si}}{Pr(y_{dit}^* > 0)}$$

(4-27)

t 时农户 i 遭受部分信贷约束的概率为:

$$Pr(y_{dit}^* > y_{sit}^*, \ y_{sit}^* > 0 | y_{dit}^* > 0) =$$

$$\frac{\iint_{R^2} \Phi\left(\frac{X_{dit}\beta_d + \alpha_{di} - X_{sit}\beta_s - \alpha_{si}}{\sqrt{2-2\rho}}, \ X_{sit}\beta_s + \alpha_{si}, \ -\sqrt{(1-\rho)/2}\right) h(\alpha_{di}, \ \alpha_{si}) d\alpha_{di} d\alpha_{si}}{Pr(y_{dit}^* > 0)}$$

(4-28)

在式 (4-26)、式 (4-27) 和式 (4-28) 中, $h(\alpha_{di}, \ \alpha_{si})$ 表示个体异质性的联合概率密度函数, 所有的积分均使用基于 Halton 序列的模拟积分法计算, 如前文所述。

上文我们分别计算了农户遭受三种约束情形的概率, 即信贷约束、部分信贷约束与完全信贷约束, 为了计算出样本农户中遭受信贷约束农户所占的比重, 需要对农户是否遭受三种形式的信贷约束进行界定。按照一般研究文献的做法, 本书同样设定临界值等于 0.5, 如果计算出来的概率值大于 0.5, 则认为农户遭受了相应形式的信贷约束, 如果计算出来的临界值小于 0.5, 则认为农户没有受到这种信贷约束的制约。

4.4.1 农户参与消费信贷市场的影响因素分析

由于 $\theta = [\beta_d, \ \beta_s, \ \sigma_d, \ \sigma_s, \ \rho_{ds}, \ \rho]^T$ 为待估参数族, 我们将所有时间截面的数据当作一个时间截面的数据, 运用部分可观测的 Biprobit 模型进行估计, 所得参数估计值作为 β_d、β_s、ρ 的迭代初始值, β_d、β_s、ρ_{ds} 的迭代初始值设定为 e^{-5}、e^{-5}、0.5, 然后运用 4.3 节中的 SML 法进行估计, 参数估计结果如表 4-5 所示。

第 4 章 农户消费信贷约束及其影响

表 4-5 局部可观测面板数据 Biprobit 模型的参数估计

Variable	demand estimation	demand s.d.	supply estimation	supply s.d.
土地面积	-0.0131**	0.0067	0.0650***	0.0196
家庭全年纯收入	-0.0732**	0.0335		
户主年龄	-0.0110*	0.0061	-0.0033	0.0108
户主受教育程度	0.0462*	0.0258	0.1568***	0.0503
家庭资产原值$_{-1}$			0.0754***	0.0263
保险费用支出$_{-1}$	0.0156***	0.0055		
耐用品消费支出$_{-1}$	-0.0015	0.0016		
教育费用支出$_{-1}$	0.0048***	0.0012		
医疗费用支出$_{-1}$	0.0016*	0.0010		
是否干部家庭	-0.6894***	0.2219	5.7918***	1.5973
家庭全年纯收入$_{-1}$			0.0600	0.0733
住房费用支出$_{-1}$	0.0007***	0.0002		
其余消费支出$_{-1}$	0.0019**	0.0008		
年末家庭金融资产余额$_{-1}$	-0.1327***	0.0237		
家庭人口总数	0.0464**	0.0199		
是否东部省份	-0.3027***	0.0776		
σ_d	1.0473***	0.1120		
σ_s			1.3073***	0.1280
ρ_{ds}	0.9804***	0.2940		
ρ	-0.6159***	0.1830		
样本数	856			
观测次数	5992			
Log-likelihood	-1092.6507			
draws/individual	100			

注：*、**、***分别表示在 10%、5%、1% 的水平上显著；s.d. 代表标准差；出于解释变量内生性的考虑，表中关于医疗费用支出、教育费用支出、家庭资产原值、年末家庭金融资产余额、保险费用支出、耐用品消费支出、家庭全年纯收入、住房费用支出、其余消费支出都采用了上一年的数值；其余消费支出=消费支出-医疗费用支出-教育费用支出-住房费用支出-耐用品消费支出-保险费用支出，单位是百元。

表4-5中ρ的估计值在1%的水平上高度显著,说明式(4-1)中的两个方程的随机干扰项之间是显著相关的。为了更进一步对面板数据模型的设定方式进行分析,采用似然比检验的方法对混合模型和随机效应模型进行检验,首先将所有时间截面上的数据进行混合,得到一个时间截面的数据,将此应用于Biprobit模型可以得到混合模型的估计结果,相应的似然函数值为-1286.09,对应地,似然比检验统计量的计算结果为$\lambda_{LR}=2(-1092.65+1286.09)=386.88>\chi_3^2(0.95)=7.81$,所以拒绝原假设,认为模型按照随机效应模型设定更为合理。

接下来对两个方程中的解释变量进行分析,首先对影响农户消费性贷款需求的因素进行分析。根据表4-5的估计结果,土地面积的大小、家庭纯收入、户主的年龄、户主的受教育程度、上年度医疗费用、上年度保险费用、上年度教育费用、上年度住房费用、是否干部家庭、上年末金融资产余额、是否东部地区和家庭人口规模这些变量通过了显著性检验。其中,土地面积在5%的水平上负向影响农户的消费信贷需求,一方面,土地规模越大,农户对于生产性资金的需求也就越大,可能会抑制农户的消费需求;另一方面,土地规模越大的农户,一般相对比较富裕,对消费信贷的需求也就比较弱。家庭纯收入、上年末金融资产余额均显著负向影响农户的消费信贷需求,本年度收入越多,上年末金融资产余额越多,意味着农户的自有资金就越多,因此,农户进行消费时对外部资金的需求也就越少。户主的年龄在1%的水平上负向影响农户的消费信贷需求,一般来说,户主年龄较大的家庭更倾向于储蓄,年龄和消费信贷需求的关系呈"倒U形",并且往往存在着一个年龄的阈值。户主的受教育程度在10%的水平正向显著影响农户的消费信贷需求。一方面,受教育程度越高,很可能其收入也就越高;另一方面,受教育程度越高的农户很可能更容易接受新的消费理念和消费激励。年度保险费用支出对农户消费性贷款需求的影响是正向且显著的,保险有利于稳定农户的未来预期,减少预防性储蓄,增加现期消费。上年度教育费用支出、上年度保险费用支出、上年度住房费用支出均在1%的水平上显著正向影响农户消费信贷需求,上年度医疗费用支出在10%的水平上显著正向影响农户消费信贷需求。由于子女上学、建造房屋、疾病、婚丧嫁娶以及突发事件等引起的重大消费支出对于大部分农户而言数额巨大,且多为刚性,单靠自身力量难以解决,因而不得不去借贷。家庭人口规模对消费信贷需求的影响是正向的,并在5%的统计水平上显著。

一般来说，其他条件不变的情况下，家庭人口越多消费需求就越多。农户是否住在东部省份和农户家庭是否有成员是村干部对农户消费信贷需求的影响都是负的，因为经济发达地区的农户和有家庭成员担任乡村干部的农户一般收入相对比较高，基本上能够满足家庭日常消费支出的需要。上年度耐用品的消费支出对消费信贷需求的影响并不显著，说明我国农户的收入已达到了一定的水平，依靠自有资金能够支付得起购买电视、冰箱等家庭日常耐用消费品所需要的资金。

下面我们分析影响消费信贷供给的因素。土地面积、上年末家庭资产原值、是否有家庭成员是村干部和户主受教育的程度对资金供给的影响都是正向的，且均在1%的统计水平上显著。土地面积越大，预期收入就越高，资金供给者更愿意把资金贷给土地面积较大的农户。上年末资产原值正向影响资金供给有两方面的含义，其一相当于为农户的消费信贷提供了抵押或担保，其二说明农户生产规模大，预期收入高，因此，资金供给者更愿意为这些农户提供消费信贷。乡村干部不仅与农村正式金融机构有良好的关系，而且在亲友和当地居民之间有更高的威望和号召力，如果需要，资金供给者更愿意为他们的消费提供贷款。户主的受教育程度越高，人力资本积累得越多，预期收入就越高，资金供给者就越愿意为他们提供消费贷款。家庭上年度纯收入对资金供给的影响不显著，因为资金供给者难以观察到农户纯收入的真实值。

4.4.2 农户遭受消费信贷配给程度的估计

根据表4-5中的参数估计值，利用式（4-26）、式（4-27）、式(4-28)，界定临界值为0.5，我们可以计算出遭受消费信贷约束的农户所占的比例为83.7%，遭受完全约束的农户所占的比例为55.2%，遭受部分约束的农户所占的比例为24.2%。

4.5 消费信贷约束的福利效应分析

大部分农户仍然以农业生产经营活动为主，这是一个生产与社会再生产相互交织的过程，从初期的土地平整、播种、栽培到后期的管理和收获，周期漫长。另外，农业生产具有地域性、季节性和周期性等特点，它不仅受自然条件的影响，面临着严重的自然风险，还面临着严重的市场风险。一些农产品的价格大起大落，给生产者和消费者都造成了不利影响。虽然农业生产面临的风险很高，但农民并没有因此而获得与高风险行业相当的收益，农产品的收益普遍很低，且增长过程十分缓慢。农业从投入到产出要经历一个连续的生产周期，且这一生产周期与下一个生产周期紧密相连，不能完全割断，如果农户这一周期的生产经营活动遭遇了失败，势必会影响到下一个周期的生产经营。由于受到这种季节性和周期性的影响，加之农村信用社等金融机构的贷款审批时间很长，为了在农忙时节获得贷款购买种子、农药和化肥等农资产品，农民往往需要提前几个月就开始申请贷款，同时在生产过程中农户也需要大量现金来购买维持生存所需要的生活消费品。为了应对这些不确定性带来的影响，农户不得不手持大量现金保证能购买生产周期内日常生活的基本必需品，此时，农户的生产经营活动和消费活动均无法达到最优水平，有限资金需要在消费和生产投入品之间进行权衡和取舍，常常会要么影响消费，要么影响下一周期的生产，甚至两者皆受影响。因此，从理论上来说，消费信贷在农户的消费和生产经营活动中发挥着非常重要的作用，在其他条件不变的情况下，消费信贷约束可能会减少农户的消费支出和收入水平。以下我们对此进行检验和分析。

4.5.1 消费信贷约束对农户收入的影响

构建面板数据模型估计消费信贷约束对农户家庭纯收入的影响：

$$y_{it} = \alpha_i + \delta D_{it} + \beta X_{it} + \mu_{it} \tag{4-29}$$

其中，y_{it} 表示 t 时农户 i 的家庭纯收入；α_i 是不随时间变化的个体异质性；D_{it} 表示农户是否遭受信贷约束的虚拟变量，我们利用式（4-26）的计算结果及临界值 0.5 来判断农户是否遭受信贷约束，这可避免 D_{it} 的内生性问题；X_{it} 表示影响家庭纯收入的外生变量；μ_{it} 表示随机误差项。利用随机效应模型进行估计，估计结果如表 4-6 所示。

4.5.2 消费信贷约束对农户消费支出的影响

构建动态面板数据模型估计消费信贷约束对农户日常消费支出的影响:

$$y_{it} = \alpha_i + \gamma y_{it-1} + \delta D_{it} + \beta X_{it} + \mu_{it} \qquad (4-30)$$

其中,y_{it}表示t时农户i的日常消费支出,y_{it-1}表示农户i滞后一年的日常消费支出,D_{it}的计算方法同式(4-26),X_{it}表示影响农户日常消费支出的外生变量,μ_{it}表示随机误差项。我们计算式(4-30)系数的Arellano-Bover一致广义矩估计,估计结果如表4-6所示。

表4-6 消费信贷约束的福利损失

	家庭纯收入 估计值	家庭纯收入 标准差	家庭消费支出 估计值	家庭消费支出 标准差
户主的年龄	0.0039	0.0026	-5.9784	8.0452
户主的年龄²			0.0133	0.0783
户主的受教育程度	0.0771***	0.0109	-1.8620	6.0918
生产性固定资产原值₋₁	0.1451***	0.0122		
是否干部家庭	0.1252	0.0860	5.6166	37.9430
是否东部地区	0.7162***	0.0576	6.5956***	1.2008
家庭人口规模	0.1704***	0.0171	7.3910**	3.1390
土地	0.0024	0.0028	-0.3459	0.7104
家庭消费支出₋₁			0.2890***	0.0203
家庭纯收入			70.6200***	4.0657
金融资产余额₋₁			10.5300***	1.6368
家庭纯收入₋₁			24.0600***	4.8715
家庭资产原值₋₁			-0.6340	2.6801
是否遭受信贷约束	-0.2188***	0.0722	-34.6000***	12.5500

注:**、***分别表示在5%、1%的水平上显著;出于内生性的考虑,回归方程中的金融资产余额、家庭纯收入、生产性固定资产原值、家庭消费支出、家庭资产原值都采用了上一年的数值;户主的年龄²表示户主年龄的平方。

根据表4-6可知，在其他影响因素相同的条件下，由于消费信贷约束，农户的纯收入在1%的统计水平上显著减少了2188元，占农户家庭净收入平均值的13.7%；农户的日常消费支出在10%的统计水平上显著减少了3460元，占农户日常消费支出平均值的25.6%。

本章的主要研究目标是对农户遭受消费信贷约束的程度做出定量估计，为了得到更为稳健的估计结果及更好地刻画农户的借贷行为，采用了面板数据部分可观测的随机效应Biprobit模型，对农户是否遭受消费信贷约束进行界定后，应用动态面板数据回归模型对消费信贷约束所导致的福利损失做出估计。结果表明：遭受消费信贷约束的农户所占的比例为83.7%，其中，55.2%遭受完全约束，24.2%遭受部分约束；由于消费信贷约束，样本农户的纯收入和消费支出分别平均减少了13.7%和25.6%。土地面积、家庭纯收入、户主的年龄、家庭成员中是否有乡村干部、上年末金融资产余额、是否居住在东部地区均负向显著影响农户的消费信贷需求；而户主受教育程度、上年度教育费用支出、上年度医疗费用支出、上年度住房费用支出、上年度保险费用支出、家庭人口规模均正向显著影响农户的消费信贷需求。土地面积、户主受教育程度、上年度家庭资产原值和家庭成员中是否有乡村干部均在1%的统计水平上显著正向影响消费信贷的供给。

根据我们的研究结论，结合我国农村经济发展的现状，本书给出如下几点建议：

（1）大力发展农村经济，提高农村居民的收入水平，通过增强其财富水平来缓解农民遭受的信贷约束。收入是影响农村居民消费的主要因素，而土地依然是农民最主要的财富，应该着力完善农村的土地流转制度，搞好农村土地流转配置权的改革，同时加大对农业生产的支持力度，减少农民收入的不确定性，稳定其消费预期。此外，还应该完善农村剩余劳动力转移的相关政策，加速农村城镇化进程，促进农村居民消费水平的增长。

（2）与拥有更多土地和资产以及有家庭成员为乡村干部的农户相比，那些贫困的农户更加难以获得消费信贷，资金供给者不愿意为他们提供消费性贷款，甚至生产性贷款。因此，政府应该为贫困农户获取消费信贷提供更多的帮助，如针对特殊人群的利率补贴、免除农业税等。

（3）进一步完善社会保障体系，搞好农村的教育、医疗、养老等制度的改革，扩大参保人口的范围，加强保障力度，建立国家、集体和个人风险共担机制,解除农户进行消费的后顾之忧。引导农民更新传统的消费观念,改变传统的积累型支付方式,鼓励农民"借贷消费",提高其消费倾向。

(4)加快农村金融体制改革,使农村金融机构更好地服务"三农"。出台相应的政策,鼓励金融机构针对农户的需要和消费习惯,开发品种多样的消费信贷产品和工具,为他们提供更多的消费性贷款。农村地区大多交通不便,电力和能源等基础设施薄弱,法制环境也相对落后,这些因素都会制约农村消费信贷的发展。政府应该重视农村基础设施的建设,着力改善农民的消费环境和条件,增加农户的有效需求,使农村消费信贷向着健康的方向发展。

本章的研究仍然存在许多有待改进之处。一方面,本书使用的是微观样本面板数据库,需要对固定农户进行连续追踪调查,调查的难度和成本都比较大;另一方面,本书选用的是我国10个省份的样本农户,然而就中国现实而言,仍然存在样本量不足的问题,可能会影响所提建议的有效性与适时性。因此,有必要使用更为合适的数据库对本书的研究结论进行验证。

4.6 本章小结

农村是普惠金融的主战场,农户是农村金融改革的微观基础,同时也是集消费、生产和经营为一体的社会单位。在既定的制度背景下,现有农村金融组织机构依然难以满足农户对于信贷资金的需求。根据中国人民银行2015年关于金融机构贷款投向的统计数据,从金融机构的全部贷款规模来看,发放给农户的贷款余额只占6.5%;从贷款增速来看,县域以下金融机构的贷款增速远远低于全国贷款的增速;农村地区的贷款规模虽然逐年增长,但事实上大约占全国人口总数4.6%的农村人口只获得了全部贷款资源的6.5%,而农户消费信贷作为农户全部贷款的一部分,其所占份额更小。本章立足微观层面,采用2005~2011年来自我国10个省份1000个农户的面板调查数据,从供给和需求的角度对农户消费信贷行为的影响因素及信贷约束程度进行了估计。实证研究结果表明,被调查的样本农户在调查年份期间，遭受消费信贷约束的农户所占的比例为83.7%，其中55.2%遭受完全约束；24.2%遭受部分约束，由于消费信贷约束，样本农户的纯收入和消费支出分别平均减少了13.7%和25.6%。

农村消费信贷市场的改革和发展不能撇开农户，必须围绕农户的需求来进行，构建符合我国农户实际情况的农村金融市场体系和监管制度，是普惠金融背景下需要首先解决的问题。

第 5 章 农户消费信贷路径偏好的影响因素及福利效应分析

5.1 引言及相关文献综述

2016年3月全国人大通过了《国民经济和社会发展第十三个五年规划纲要》，明确了2020年全面建成小康社会的目标和任务，对新时期农业农村工作做了重要的部署。2016年中央一号文件明确提出要落实"创新、协调、绿色、共享、开放"五大理念，加快实现农业现代化。2017年的中央一号文件沿袭了这个主题，并统一到供给侧结构性改革的国家整体发展战略上，突出农业和农村要培育发展新动能。上述这些目标的实现，迫切需要农村金融服务体系的大力支持。与中国经济发展典型的二元结构特征相对应，农村金融体系中正规金融机构与非正规金融机构并存。但截至2013年6月，我国仍然有1696个乡镇没有任何形式的金融机构。金融服务的缺乏严重制约了"三农"的发展，二元金融结构加剧了二元经济与二元社会的矛盾。根据联合国公布的最新贫困线的标准进行计算，中国贫困人口数量为1亿左右，由此可见，我国目前贫困人口依然众多，而且绝大多数贫困人口居住在农村。减少农村中的贫困人口，缩小贫富差距的任务依然十分严峻。仅靠一对一的精准扶贫无法从根本上改变中国农村的贫困，只有同时借助财政、金融和社会互助机制，建立一些专门的机构，如扶贫信贷机构，尽全力使非正规金融组织的积极性得到最大程度的发挥，才能让金融扶贫产生效果。

完善、健全的农村金融市场对于提高农户收入和福利水平、平滑农户消费具有重要意义。理论上家庭可以通过融资进行提前消费，但实际上并非所有家庭都能进入正规信贷市场。相当数量的文献对我国农户遭受正规或非正规信贷约束的程度进行了研究。李颖和朱喜认为,虽然我国农村金融体系自2005年以来发生了深刻的变化,但与其他发展中国家相比,我国农村信贷市场的效率依然很低,农户遭受信贷约束的程度还相当严重。非正规金融渠道的借款仍然是我国农户进行融资的首要方式,最近有研究显示,如果增加农户的财富水平,正规金融机构就会降低对于农户信贷约束的程度,从而会增加农户的借款比重。也有文献专门对我国农户消费性融资约束进行了研究,结果表明,83.7%的样本农户遭受不同程度的消费信贷约束,其中55.2%的农户遭受完全约束,24.2%的农户遭受部分约束。虽然说我国农村正规金融市场仍然存在着很多问题,它的发展也并没有很完善,但是并不能否认,农村正规金融组织在提高农户的支出总量和优化农户的支出结构方面所起到的是一种正向的促进作用。然而,民间金融机构的发展虽然在某种程度上弥补了正规金融市场的不足,但并不意味着降低贫困。

在关于农户借贷行为及其影响因素的研究中,童馨乐等利用Logit模型研究了社会资本对农户借贷行为的影响,将农户借贷行为分为有效借贷机会与实际借贷额度两个层次,从结果中可以看出:亲戚关系对这两者所产生的影响都不是显著的,但正规金融机构关系和农民专业合作组织关系对两者产生的影响却恰好相反;除此之外,邻里关系和政治关系只对两者中的农户有效借贷机会带来了显著的影响。易小兰的研究表明,农户对正规金融机构借贷认知的程度、家庭耐用品的折价、房产及家庭经营总支出正向影响农户正规信贷需求,家庭总收入负向影响农户正规信贷需求。罗剑朝、赵雯利用有序Probit模型对影响农户村镇银行贷款意愿的因素进行了实证研究。候英和陈希敏通过结构方程模型研究了农户借贷行为及潜在影响因素之间的关系,发现农户声誉对农户借贷行为的影响效应最强,其次为借贷可得性,农户经济特征和个体特征对农户借贷行为也有显著影响。

近年来,很多学者在二元金融结构的框架下对农户融资渠道影响因素及选择偏好进行了研究。熊学萍等以湖北省天门市农户为样本进行分析,结果表明,农户少量的小额度贷款主要由私人借贷满足,正式融资制度是满足农户融资需求最重要的制度安排,消费信贷是农户需求的主体。秦建群等对农户信贷渠道选择行为的影响因素进行了分析,解析了农村二元金融结构特征下农户信贷渠道的选择行为。大多数文献的研究结论都支持农

第5章 农户消费信贷路径偏好的影响因素及福利效应分析

户家庭人均土地面积、人均住房面积、工资性收入、教育支出、生活支出、家庭人均资产及农户受教育程度都会对农户获得贷款的概率产生影响。在研究农户融资渠道偏好的文献中,周月书等认为借款额度越大,年龄越小的户主越倾向于从正规渠道借贷;借款期限越长,借贷资金主要被用于满足生活性消费时,农户进行借贷时就更加愿意去选择非正规融资渠道;而对于那些有生产经营需求的农户来说,他们往往会对正规渠道借贷更加看重。王佳楣等利用灰靶决策模型分析了我国西部地区农户融资路径的偏好,一般来说,满足农户借款需求的渠道主要是新型农村金融组织和农村信用合作社,对农户的借贷方式进行排序的结果是新型农村金融机构、传统金融机构和其他融资渠道。童馨乐等认为,交易成本对信贷偏好的影响中,社会资本可以起到信号甄别的作用。吴雨等依据受教育水平和金融知识水平,同时对农户信贷渠道的偏好和正规信贷的获得做出了相关解释,认为若是提高农户金融知识和受教育水平,会促使有正规信贷需求的农户并未付诸行动去申请贷款的情况以及农户偏好于非正规信贷的可能性都大大减少。因此,大力提高受教育水平和金融知识水平,对促进农户正规信贷的获得起到了十分有利的作用,也有助于降低非正规信贷偏好。也有学者对农户偏好农村非正规金融的原因进行了探究,认为农户从非正规金融机构借钱是出于成本收益的计算,是既定约束下的理性选择,越是贫困的农户越偏好非正规金融渠道。

在关于农户融资行为及偏好的影响因素分析中,现有文献对我国农户的信贷行为进行了许多有价值的研究,并积累了一些重要的研究成果。大多数文献侧重于研究农户借贷行为的影响因素,对农户融资特征与偏好没有做出明确的层次分析;在融资路径偏好问题上,主要对正规与非正规渠道的选择这一点进行了集中讨论,而对于如何具体细分这些金融机构却没有进行细致研究。这对于研究我国农村金融体系发展的动因是不利的。此外,这些研究多是基于某个具体省份的调研数据进行实证分析,多省份及全国的样本还比较缺乏。

本章将在现有研究的基础上,对农户意愿借款的渠道进行详细的划分,在问卷中设计了意愿调查部分,从农户视角及农户自身对正规金融和非正规金融的认知程度考察农户的融资意愿,并对农户的贷款特征及贷款能力进行统计分析。除了对农户融资渠道影响因素进行分析外,本章还将使用倾向评分匹配法分析借贷对农户日常消费支出的影响。

5.2 样本数据、变量选取和模型设定

5.2.1 数据来源

本书研究所用数据来源于课题组的"互助资金项目",通过入户调查的方式完成相关数据的收集。根据项目研究目标及地区经济发展特点,我们在所有省份中随机抽取了 5 个省份,分别是四川、河南、湖南、山东、甘肃。为了使调查数据能更真实地反映农户的信贷行为,课题组在每个省份随机选取了 2~3 个县,四川抽取的是南江县和西充县,甘肃抽取的是陇西县和静宁县,湖南抽取的是花垣县和桑柏县,山东抽取的是泗水县和沂源县,河南抽取的是新县和原阳县。所抽取县区的统计局农村社会经济调查队在每个县又选取了 4~5 个村庄,每个村庄随机调查了 40~50 个农户。本次调查的数据资料是来自这些省份的共 1323 个农户的信息。调查的内容包括以下几个方面:农户家庭情况、收入与支出状况、生产经营活动、金融信贷情况和所处村庄、样本农户自身的特征以及他们的信贷行为等的相关数据,为本书研究提供了丰富的经验证据。

5.2.2 借贷特征及变量的描述性统计分析

在我们调查的 1323 个样本农户中,实际发生借款行为的农户有 680 户,占样本农户总数的 51.4%,这充分说明了被调查地区的农户大多存在借款意愿。但也有部分农户有借款意愿,由于缺少抵押产品或还贷能力受限,并没有借款行为的发生。本书的研究对存在潜在借款意愿的农户进行了调查,将没有借款行为发生的农户中存在潜在借款意愿的农户考虑在内,弥补了现有文献中将二者混为一体进行研究的缺陷。在没有借款行为发生的 643 户农户中,128 户农户遇到在生产创收方面需要借钱但是借不到钱的情况,172 户农户遇到在生活方面(包括上学、看病、人情支出等)需要借钱但是借不到钱的情况,两种情况都遇到的农户数有 62 户,没有潜

第5章 农户消费信贷路径偏好的影响因素及福利效应分析

在借款意愿的农户数为405户。我们对农户实际借款渠道进行了详细的划分，借款渠道代码如下：1为信用社，2为农行/农发行，3为邮政储蓄银行，4为村镇银行，5为小额信贷公司，6为其他金融机构，7为私人有利息，8为私人无利息，9为项目基金，10为其他，11为互助资金项目。不同借款渠道样本农户数如表5-1所示。

表5-1 不同借款渠道样本农户数

方式	1	2	3	4	5	6	7	8	9	10	11
样本数	41	8	4	2	0	1	29	466	1	6	122
占比（%）	6.03	1.18	0.59	0.29	0	0.15	4.26	68.53	0.15	0.88	17.94

注：有的农户家庭从多种渠道进行融资，本表按照借款额度大的融资渠道进行统计。

由表5-1可知，在被调查的样本农户中，通过私人无利息的方式获取借款的农户数最多，占发生融资行为农户总数的68.53%；从互助资金项目获得借款的农户数次之；从信用社、农行/农发行、邮政储蓄银行、村镇银行获取贷款的农户数都非常有限，加起来的占比也没有超过9%，说明被调查地区的农户遭受正规信贷机构配给的现象依然十分严重。农户由于缺乏正规金融机构信贷所需的抵押品，或者是由于缺少对金融政策的了解，嫌正规金融机构借贷程序麻烦，当出现资金缺口时，农户首先会想到从非正规金融机构贷款，尤其是从亲戚朋友处借钱。按照金额计算，借款农户的平均借款额为16922.8元，标准差为1176.92元。

在经验分析的过程中，不可能将贷款的所有特征和水平囊括在内，农户在选择特定类型的贷款时，必然会结合自身特征考虑很多因素，而对所有特征进行定义是不现实的，结合我们数据库中的调查指标，本书将贷款的月利息率、贷款期限、是否需要抵押担保作为农户贷款的重要特征，各特征的描述性统计如表5-2所示。各种贷款特征水平下信贷农户数的百分比统计如表5-3所示。

表 5-2　信贷特征描述

Variale	n	mean	s. d.	min	max
月利息率	680	2.32	4.00	0	20
贷款期限	680	11.11	22.77	0	240
是否需要抵押担保	680	1.78	0.40	1	2

注：月利息率的单位：厘/月；贷款期限的单位：月；是否抵押担保的取值为 1 或 2，1 表示是，2 表示否。下同。

表 5-3　各种贷款特征水平下的农户数占比

特征	月利息率		贷款期限		是否需要抵押担保	
特征水平	≤5	>5	≤12	>12	是	否
农户数占比	74.7%	25.3%	34.4%	65.6%	4.3%	95.7%

由表 5-3 可知，在已经发生的农户借款中，借款月利息率不超过 5 厘/月的农户数占贷款农户总数的 74.7%，贷款月利息率超过 5 厘/月的农户数占贷款农户总数的 25.3%，说明承受较高利率借贷的农户数占比还不是很高。贷款期限超过一年的贷款农户数占比为 65.6%，说明大部分农户偏好期限较长的贷款，较长的还款期限能够减轻还款压力。值得注意的是，不需要抵押的农户数占比达到了 95.7%，这也反映了被调查的地区农户借贷的特征，农户偏好不用抵押的贷款，原因可能还是因为农户缺少抵押品，这也正是农户遭受正规信贷机构约束的重要影响因素。

表 5-1 统计的是农户从不同渠道借款的结果，实际上是农户信贷需求与贷款供给方共同作用的结果。以农户的视角，结合农户自身特征及其所拥有的金融知识水平，我们设计了"意愿"调查部分，对农户意愿借款渠道的排序进行了统计，区别于表 5-1 中的 11 种渠道，借款来源被分为八类，数字 1~8 表示农户对借款来源意愿偏好的排序，统计结果如表 5-4 所示。从表 5-4 可以看出，当这些地区的农户存在信贷需求意愿时，在农户所认定的八种可供选择的渠道中首先选择从亲戚处借钱的农户有 1009 户，占样本农户总数的 76.27%，这种私人无利息的借贷方式是农户最愿意选择的外部融资方式。以信用社或者银行等正规金融机构作为首选融资方式的农户依然很少，相对于其他地区的农户而言，贫困地区农户遭受正规金融机构信贷配给的现象更为严重，农户的受教育程度、收入来源、土地面

第5章 农户消费信贷路径偏好的影响因素及福利效应分析

积等都会成为正规金融机构是否对农户发放贷款的判断依据。表5-4是关于农户融资意愿偏好的调查，表5-1是关于农户实际融资行为的统计，二者的结果基本保持一致。

表5-4 农户意愿借款来源统计

借款渠道 排层	信用社	银行	互助资金	亲戚	朋友	邻居	其他村民	私人钱庄（有利）
1	46	15	172	1009	38	27	2	4
2	39	21	42	214	881	84	5	0
3	59	22	52	44	243	759	35	2
4	149	29	91	21	62	204	499	8
5	371	120	148	3	20	49	192	39
6	256	362	84	2	10	37	83	56
7	63	291	260	2	1	7	121	98
8	6	60	56	1	0	1	6	627
未选择	334	403	418	27	68	155	380	489

农户借款用途统计如表5-5所示，可以看出，借款主要被用于治病的农户数最多，占借款农户总数的29.3%，其余依次为购买化肥等生产资料、孩子上学、房屋建造及红白喜事等。疾病、家中重大变故等突发事件不可预知，对应的消费支出对于农户而言往往数额巨大，且多为刚性，单靠农户自身力量难以解决，因而他们不得不去借贷。此外，表5-5中将借款用于私营活动的农户数有23户，用于外出打工的只有1户，说明对于这些地区的农户而言，融资的主要目的还是为了满足生活性消费支出而不是生产性消费支出，大部分农户不会进行扩大再生产。

表5-5 农户借款用途统计

用途	1	2	3	4	5	6	7	8	9	10	11	12	13
户数	74	65	43	23	1	8	16	199	61	71	71	9	39

注：借款用途代码：1为买化肥，2为买其他农业投入品，3为买牲畜或饲料，4为私营活动，5为外出打工，6为买粮食，7为买其他日用品，8为治病，9为红白喜事，10为孩子上学，11为建房子，12为还其他贷款，13为其他。

无论是正规金融机构还是非正规金融机构，在向农户发放贷款时必须了解农户的信息资料。为了后文分析农户消费信贷渠道偏好的影响因素，将农户的特征分为自然状况、社会状况、收入状况、生产性支出、消费性支出共五大类18个因素，并对这些数据进行了描述性统计分析（见表5-6）。

表5-6 样本农户特征描述性统计分析

变量	样本数	均值	标准差	最小值	最大值
自然状况					
生产经营性固定资产$_{-1}$	1323	0.45	2.16	0	7.60
房屋资产原值$_{-1}$	1323	1.17	3.17	0	10.00
土地面积	1323	7.49	12.36	0	106.80
户主受教育程度	1323	16.70	9.84	0	77.00
户主年龄	1323	56.47	11.56	11	94.00
家庭人口规模	1323	3.73	1.57	1	10.00
到最近信用社的距离	1323	4.72	4.88	0	60.00
社会状况					
是否干部家庭	1323	3.91	0.41	1	4
收入状况					
种植业收入$_{-1}$	1323	0.36	0.97	0	1.85
畜牧业收入$_{-1}$	1323	0.34	3.78	0	9.60
养殖业收入$_{-1}$	1323	0.06	0.04	0	1.28
工资性收入$_{-1}$	1323	1.05	1.51	0	2.90
其他收入$_{-1}$	1323	0.38	0.94	0	20.24
生产性支出					
养殖业支出$_{-1}$	1323	0.32	1.80	0	9.30
种植业支出$_{-1}$	1323	0.23	1.07	0	3.70
其他支出$_{-1}$	1323	0.25	0.57	0	10.27
消费性支出					
日常消费$_{-1}$	1323	0.91	1.14	0	11.16

续表

变量	样本数	均值	标准差	最小值	最大值
医疗支出$_{-1}$	1323	0.23	0.83	0	10.00

注：生产经营性固定资产$_{-1}$、房屋资产原值$_{-1}$、种植业收入和种植业支出$_{-1}$、畜牧业支出$_{-1}$、养殖业收入$_{-1}$和养殖业支出$_{-1}$、工资性收入$_{-1}$、其他收入和其他支出$_{-1}$、日常消费$_{-1}$及医疗支出$_{-1}$均是上一年的数值，单位为万元；土地面积的单位为亩；到最近信用社的距离为公里；户主受教育程度的代码为：0 为没上学，1 为学前班/幼儿园，11 为小学一年级，12 为小学二年级，13 为小学三年级，14 为小学四年级，15 为小学五年级，16 为小学六年级，21 为初中一年级，22 为初中二年级，23 为初中三年级，31 为高中一年级，32 为高中二年级，33 为高中三年级，41 为中专/高职，42 为技校，43 为电大中专，44 为函授中专，51 为大专，52 为电大大专，53 为函授大专，54 为大学，77 为其他；是否干部家庭的代码为：1 为乡及乡以上干部，2 为村干部，3 为小组长，4 为否。

5.2.3 模型选取

根据调查结果，按照不同融资渠道的选择，将样本地区农户的融资方式分为四类，分别是无消费信贷行为发生、从非正规金融机构借贷、从正规金融机构借贷以及既从正规金融机构借贷又从非正规金融机构借贷。由于农户偏好不同的融资方式，所以本书采用有序 Probit 模型进行融资渠道影响因素的分析，这类模型能够对外生变量对内生变量的选择次序做出判断。需要注意的是，有序 Probit 模型的系数估计结果与一般线性回归模型的系数估计结果不同，它并不代表边际效用，当系数估计结果显著为正时，外生变量越大，内生变量取最小值的概率就越小；当系数估计结果显著为负时，外生变量越大，内生变量取最小值的概率就越大。令 y 表示在 $\{0, 1, 2, 3\}$ 上取值的有序响应，其中 0、1、2、3 分别对应于无贷款行为发生、非正规金融渠道借款、正规金融渠道借款、既有正规金融渠道又有非正规金融渠道借款四类融资方式。假定潜变量 y^* 由 $y^* = X\beta + e$ 决定，其中 $e \mid X \sim \text{Normal}(0, 1)$，设 $\alpha_1 < \alpha_2 < \alpha_3$ 表示未知的割点，同时定义

$$y = 0, \text{ 如果 } y^* \leq \alpha_1$$
$$y = 1, \text{ 如果 } \alpha_1 \leq y^* \leq \alpha_2$$
$$\vdots$$
$$y = 3, \text{ 如果 } y^* \geq \alpha_3$$

则每个响应概率可计算如下：

$$P(y=0\mid X)=P(y^*\leqslant \alpha_1)=\Phi(\alpha_1-X\beta)$$
$$P(y=1\mid X)=P(\alpha_1\leqslant y^*\leqslant \alpha_2\mid X)=\Phi(\alpha_2-X\beta)-\Phi(\alpha_1-X\beta)$$
$$\vdots$$
$$P(y=3\mid X)=P(y^*\geqslant \alpha_3\mid X)=1-\Phi(\alpha_3-X\beta)$$

对于每一个 i，对数似然函数是

$$l_i(\alpha,\beta)=1[y_i=0]\log[\Phi(\alpha_1-X_i\beta)]+$$
$$1[y_i=1]\log[\Phi(\alpha_2-X_i\beta)-\Phi(\alpha_1-X_i\beta)]+\cdots+$$
$$1[y_i=0][1-\Phi(\alpha_3-X\beta)]$$

求出总体似然函数后进行极大化就可以得到 α、β 的估计值，参数估计结果如表 5-7 所示。

表 5-7 有序 Probit 模型估计结果

变量	估计值	标准误
自然状况		
生产经营性固定资产$_{-1}$	0.0043	0.0104
房屋资产原值$_{-1}$	0.012**	0.0040
土地面积	0.0058*	0.0029
户主受教育程度	0.0018	0.0043
户主年龄	-0.0098***	0.0038
家庭人口规模	0.0162*	0.0070
到最近信用社的距离	0.0129*	0.0073
社会状况		
是否干部家庭	0.0213	0.0472
收入状况		
种植业收入$_{-1}$	-0.0027	0.0635
畜牧业收入$_{-1}$	-0.0037	0.0106
养殖业收入$_{-1}$	0.5855*	0.2274
工资性收入$_{-1}$	0.0380***	0.0124
其他收入$_{-1}$	-0.0445	0.0591

续表

变量	估计值	标准误
生产性支出		
养殖业支出$_{-1}$	0.0508*	0.0305
种植业支出$_{-1}$	-0.3009	0.2383
其他支出$_{-1}$	-0.0581	0.0695
消费性支出		
日常消费$_{-1}$	0.0998**	0.0386
医疗支出$_{-1}$	0.0001***	5.15e-06
临界值（1）	1.1760***	0.1769
临界值（2）	1.7057***	0.2272
临界值（3）	1.4625***	0.1569

注：***、**、*分别表示在1%、5%和10%的水平上显著。

5.3 实证结果分析

考虑到解释变量的内生性问题，由于没有合适的工具变量可以使用，因此均采用其滞后一期的值。表5-7中，房屋资产原值、户主的年龄、土地面积、家庭人口规模、到最近信用社的距离、养殖业收入、工资性收入、养殖业支出、日常消费支出和医疗支出通过了变量的显著性检验，生产经营性固定资产原值、户主的受教育程度、是否干部家庭、种植业收入、畜牧业收入、其他收入、种植业支出与其他支出对农户融资路径选择的影响并不显著。

在农户的自然特征因素中，生产经营性固定资产的流动性较差、变现难，一般很难作为农户贷款的抵押物。房屋资产原值是体现农户经济条件的重要指标，也是贷款供给方衡量农户还款能力的参考，房屋资产原值越大，无论是从正规金融机构还是非正规金融机构，农户获得贷款的可能性都越大。户主的年龄在10%的水平上显著负向影响农户融资路径的选择，这可以从贷款需求和供给两个方面做出解释：一方面，户主年龄越大的家庭越倾向于储蓄；另一方面，对资金供给方而言，还款能力是其考虑的首要因素，年龄越大意味着劳动能力的下降，无论是正规金融机构还是非正规金融机构，都会将年龄作为考察农户还款能力的重要参考，相比之下他们都更愿意为相对"年轻"的农户提供贷款，所以年龄越大的农户不能获得贷款的可能性就越大。家庭人口规模越大，家庭的预期收入与消费支出可能越多，信贷需求便比一般家庭要强烈，所以这类家庭可能更倾向于向金融机构贷款。农户家庭土地面积越大，预期收入就越多，这使得他们更容易获得贷款；同时，土地面积越大，农户对于生产性资金的需求也越大，在资金不足的情况下就会产生生产性贷款的需求。到最近信用社的距离正向影响农户融资路径的选择。显然，距离信用社越近，农户贷款的成本就相对越低，信用社也更容易获得农户在生产和生活方面的相关信息，在追踪、监督贷款的使用情况方面更具便捷性。

在农户的社会状况因素中，是否干部家庭对农户融资路径选择的影响并不显著，这可能是由于担任村干部的家庭在村里的声望比较高，收入也相对稳定，因而选择从正规金融机构或非正规机构借贷的差别并不是很大。相比于一般农户，村干部拥有的借贷机会更多。

在农户的收入和支出状况因素中，种植业收入对农户消费信贷路径选择的影响并不显著，一般而言，农业收入是农户收入的主要来源，但是农业生产具有周期长、风险大的特点，因而农业收入也具有不稳定性。养殖业收入、养殖业支出、工资性收入均正向显著影响农户消费性融资路径的选择，这类农户家庭不单纯依赖于"靠天吃饭"的种植业，正规金融机构或非正规金融机构都会认为他们具有潜在偿还能力，愿意给这类农户提供资金。农户的日常消费支出和医疗消费支出同样正向显著影响农户对融资渠道的选择，由于子女上学、重大疾病、建造房屋、婚丧嫁娶以及突发事件等引起的消费支出对于绝大多数农户而言数额巨大，且多为刚性，单靠自身力量无法解决，因此不得不去借贷。

5.4　基于倾向评分匹配法的处理效应分析

信贷可以平滑农户的消费，提高农户的福利水平。本书仅将消费支出

第 5 章 农户消费信贷路径偏好的影响因素及福利效应分析

作为农户福利的度量。信贷对农户福利状况的影响可以体现在直接影响和间接影响两个方面：直接影响是贷款直接用于消费或被用来增加资产；间接影响是贷款用于生产经营活动后，使农户收入增加，进而引起消费支出增加的过程。本书采用倾向评分匹配法来分析信贷对农户日常消费支出的影响。

倾向评分定理指的是给定多元协变量构成的向量 X_i，如果潜在结果与处理状态独立，那么给定协变量向量的某个值函数，潜在结果与处理状态仍然相互独立，这里协变量向量的值函数就被称为倾向得分，定义为 $p(X_i) \equiv E[D_i | X_i] = P[D_i = 1 | X_i]$。在实际操作中，往往需要分两步来使用倾向评分定理进行估计：首先，用类似于 Logit 或 Probit 等的参数模型来估计 $p(X_i)$；其次，运用匹配法对处理效应进行估计。

与传统的匹配方法不同，倾向评分匹配法可以把多个维度的信息浓缩成一个得分因子，同时在多个维度将有融资行为的农户与没有融资行为的农户进行匹配。在本书的分析中，对于任何农户 i，令 $(Y_i(1), Y_i(0))$ 代表其潜在的家庭消费支出，其中 $Y_i(1)$ 表示农户融资成功时的家庭消费支出，$Y_i(0)$ 代表农户没有融资时的家庭消费支出；令 $D_i \in (0, 1)$ 表示农户是否融资的状态，$D_i = 1$ 表示发生融资，$D_i = 0$ 表示没有融资。倾向评分的定义为 $P(X) \equiv \Pr(D = 1 | X) = E(D | X)$，其中 X 是农户参与信贷市场的影响因素，则平均处理效应可计算如下：

$$ATT \equiv E\{Y_{1i} - Y_{0i} | D_i = 1\}$$
$$\equiv E[E\{Y_{1i} - Y_{0i} | D_i = 1, p(X_i)\}]$$
$$\equiv E[E\{Y_{1i} | D_i = 1, p(X_i)\} - E\{Y_{0i} | D_i = 0, p(X_i)\} | D_i = 1]$$

由于 $P(X)$ 是连续型随机变量，我们采用最近邻匹配、半径匹配与核匹配来计算处理效应。最近邻匹配的规则是：

$$C(i) = \min \| p_i - p_j \|$$

半径匹配的规则是：

$$C(i) = \{ \| P_i - P_j \| \leq r \}$$

其中，r 是预先设定的匹配半径，$C(i)$ 代表倾向匹配得分与农户 i 的得分之差不大于搜索半径 r 的没有融资的农户 j 的集合。匹配完成后，计算

ATT 的公式为：

$$ATT^M = \frac{1}{N^T}\sum_{i\in T} Y_i^T - \frac{1}{N^T}\sum_{j\in C} \omega_j Y_j^C$$

其中，上标 M 代表最近邻匹配或者半径匹配方法，T 代表处理组，N^T 代表处理组中农户的个数，C 代表没有融资的农户（控制组）。令 N_i^C 代表与处理组中农户 i 匹配的控制组中农户的个数；若 $j \in C(i)$，令 $\omega_{ij} = \frac{1}{N_i^C}$，否则 $\omega_{ij} = 0$；权重定义为 $\omega_j = \sum_i \omega_{ij}$。

核匹配法对应的 ATT 计算公式是：

$$ATT^k = \frac{1}{N^T}\sum_{i\in T}\left\{Y_i^T - \frac{\sum_{j\in C} Y_j^C G\left(\frac{p_j - p_i}{h_n}\right)}{\sum_{k\in C} G\left(\frac{p_k - p_i}{h_n}\right)}\right\}$$

其中，$G(\cdot)$ 是核函数，h_n 是带宽参数。

我们利用上面介绍的三种方法计算 ATT，估计结果如表 5-8 所示：

表 5-8　基于倾向评分匹配方法的 ATT 结果

匹配方法	ATT
家庭消费支出（最近邻匹配法）	0.191（0.058）***
家庭消费支出（半径匹配法）	0.172（0.061）**
家庭消费支出（核匹配法）	0.136（0.052）**

注：标准误是用 bootstrap 方法 100 次重复计算得出；计算倾向得分的模型通过了配平检验；括号内的数值是标准误；***、** 分别代表 1% 和 5% 的显著性水平。

从匹配结果可以看出，使用最近邻匹配法计算出的 ATT 值为 1910 元，在 1% 的水平上显著，表明发生贷款的农户，其家庭日常消费支出比未获得贷款农户的消费支出增加了 1910 元，占 2013 年农户家庭日常消费支出的 20%；半径匹配法的计算结果与最近邻匹配法基本一致，为 1720 元，核匹配法的计算结果略小，为 1360 元，二者均在 5% 的水平上显著。由此可以看出，与那些没有发生借贷行为的农户家庭相比，农户的融资行为会显著提高家庭的消费支出。

第5章 农户消费信贷路径偏好的影响因素及福利效应分析

5.5 本章小结

本章利用来自我国 5 个省份共 1323 户农户的微观数据，对农户的借贷行为及其对日常消费支出的影响进行了研究，结果表明：被调查地区的金融发展水平仍然比较落后，70%的被访农户存在消费性融资需求，通过私人无利息的方式获取借款的农户占发生融资行为农户总数的 68.53%。对农户消费性贷款特征的分析发现，农户更倾向于选择低利息成本、还款期限灵活及无须抵押担保的贷款。非正式金融机构，特别是亲戚朋友处的借款，一般都是无息贷款或者抵押要求较少，往往成为农户借贷的首选渠道。被调查地区农户融资的主要目的还是满足生活性消费而不是生产性消费支出，大部分农户不会进行扩大再生产。

对农户消费性融资渠道选择偏好影响因素的进一步分析中，房屋资产原值、户主的年龄、土地面积、家庭人口规模、到最近信用社的距离、养殖业收入、工资性收入、养殖业支出、日常消费支出和医疗支出通过了变量的显著性检验，生产经营性固定资产原值、户主的受教育程度、是否干部家庭、种植业收入、畜牧业收入、其他收入、种植业支出与其他支出对农户融资路径选择的影响并不显著。农户的借贷行为能够平滑农户的消费，改善其福利水平，相比于那些没有发生贷款的农户，贷款显著提高了农户的消费水平，占农户日常消费平均值的 20%。

从本章的研究可以看出，我国农村金融市场的二元特征仍然十分明显，非正式金融形式在农村金融市场发挥了重要的作用。交易成本、利率水平、抵押担保、借款规模等都会对农户融资渠道的选择产生影响。更低的利息成本（特别地，很多亲戚朋友处的借款是免息的）、更少的抵押担保以及更灵活的借款期限，这些都使更多的贫困农户从非正式金融机构获得了贷款机会，也使我国农户偏好非正式金融是合乎理性的。但是非正式金融机构在资金来源及风险防范方面还存在很多问题，完全依赖非正式金融机构解决农户的信贷需求是不现实的，应该立足"三农"的实际需求，构建一个多层次、多元化的农村金融体系。政府应该在风险可控的前提下，引进新型农村金融组织机构，建立和完善农户的个人征信体系，通过惠农政策的实施，使正式金融机构所具有的作用能够更好地发挥，即更好地将资金投向于农村地区，服务农村。对于非正式金融机构来说，不仅要发挥它在农村经济建设中的主导作用，还要通过自愿性政策工具的实施，使非正式金融机构正规化或者合法化，促使资金和机构重新流回农村，提高资金配置的效率，提高农村经济活动的平均收益，解决农户的融资问题，完善我国普惠金融体系的建设。

第 6 章 研究结论和政策建议

近十几年来，为了提高农户的收入水平，逐渐减少农村中贫困人口，中国政府一直在努力对我国的农村金融体制进行改革和完善。迄今为止，我国农村已经形成了多种所有制形式并存的现代农村金融体系的雏形，农村金融机构和中介的经济和社会功能以及彼此之间的关系逐渐明了，农村金融在改革过程中取得了诸多成效，这主要体现在农村金融机构在融资模式与融资工具方面进行了很多有益的创新。为了有效地监管农村金融所产生的风险，相关立法建立并不断被完善，政府对于金融机构的干预逐渐变得理性。这一系列改革的实践和政策措施的逐步落实，一定程度上缓解了我国农村金融抑制的严重程度，使我国农户遭受信贷配给的程度由2004年前的71%下降到了2009年的61%。

农村金融市场对于农户乃至整个国民经济的发展都非常重要，党和国家领导人以人民群众为基本出发点，以构建"和谐社会"和"社会主义新农村"为国家的发展目标，而实现这些宏伟目标的关键和重点就在于如何使农户的收入水平不断提高，如何缩小农户之间的收入差距，并使农户的生产和生活环境得到极大的改善。世界上其他国家的发展经验也表明：在增加农户的收入水平、缩减农村中的贫困人口、充分改善农村居民的生存环境方面，农村金融发挥了非常重要的作用，而上述这些问题同时也是现代农村金融市场发展和运行的宗旨，党和政府十分关注和重视我国农村金融问题，2004~2016年连续十三年的中央一号文件中都以非常大的篇幅对农村金融市场体系的建设、农村金融风险监管、农村金融服务和工具的创新以及相关金融政策的运用进行了详细的阐述。但农村金融体系和组织的管理仍需进一步完善和精细化，相关政策需要重新审视和评价，特别是针对我国农户消费行为、借贷行为和投资行为特征的理论问题需要进一步挖掘。我国农户的消费行为、投资行为和借贷行为并非理性动机和生存逻辑所能完全解释的，在构建我国农村金融的理论模型和分析方法时，必须悉心考虑我国农户的特征；除此之外，还应综合考虑我国地域辽阔、区域发展不平衡、各地风俗习惯和历史文化背景差异大的特点。综上所述，我们应该在总结、吸收和消化现有农村金融理论、方法和成功经验的基础上，通过自主创新，构建一套既与国际接轨，又符合我国农户消费、投资和借贷行为特征的农村金融理论框架和管理模式，在这样的大背景下，无疑应该加强对我国农村金融体系建设和管理问题的研究，更需要关注农村金融一线的新情况和新变化。

农村居民的消费信贷问题是农村金融的重要组成内容，农户消费信贷体系的建设和管理是一个庞大的综合系统工程和研究课题，它不仅与国民经济其他部门有着千丝万缕的联系，与一个国家的金融政策、财政政策、农业政策和贸易政策等密切相关，其研究还涉及消费经济学、信息经济学、货币银行学、农业经济学、金融学、保险学、会计学、审计学、制度经济学、发展经济学、社会学和微观经济学等多个领域的理论模型和分析方法。因此，本书不可能对我国农村居民消费信贷体系建设和管理中的每一个问题进行研究，结合我国农户消费信贷发展情况以及农村金融体系建设和管理中亟待解决的问题，本书进行的研究工作和得到的主要研究结论如下：

第一，以宏观经济统计数据为基础，在充分考虑我国国情和"三农"特征的基础上，对我国现行农村金融体系的框架进行了分析，对正规金融机构和非正规金融机构的构成体系、发展状况及经营现状进行了描述性统计分析，从经济学的角度阐述了我国农村金融需求和金融供给的现状。伴随着农民收入水平和生活水平的提高，农村居民的消费水平在不断上升，消费结构也发生了改变，在从以温饱型为主的消费结构向小康型消费结构过渡的过程中，农户对于生活性借贷的需求增加，最常见的是用于红白喜事、教育、医疗和建房费用的支出。相比于农户的生产经营性贷款，农村居民的消费信贷所占比重依然很小，到2013年底，农户消费贷款总额达到了3188亿元，但它占各项贷款的比重只有1.3%。虽然近几年农户消费信贷增长率高于城镇居民消费信贷增长率，但是农户消费信贷占当年消费信贷总额的比例远远小于城镇居民消费信贷的占比。这些都说明我国农村居民消费信贷的规模还是比较小的，农村消费信贷市场还有非常大的发展空间，农村消费信贷的广度和深度都需要进一步提高。

第6章 研究结论和政策建议

第二，为了更细致地了解农村金融市场的运行效率，以现代消费理论、消费信贷需求和供给的经济学理论以及信贷配给理论为基础，采用基于入户调查的我国农户的大样本微观面板调查数据，通过 Biprobit 模型，对我国农户消费信贷约束的程度及其对农户福利水平的影响进行了定量分析。本书既考虑了完全配给的情况，又考虑了部分配给的情形，面板数据的使用又增加了估计结果的稳健性。结果表明：被调查期间，遭受消费信贷约束的农户所占的比例为 83.7%，其中 55.2% 遭受完全约束，24.2% 遭受部分约束；由于消费信贷约束，样本农户的纯收入和消费支出分别平均减少了 13.7% 和 25.6%。土地面积、纯收入、户主的年龄、上年保险费、家庭成员中是否有乡村干部、上年末金融资产余额、是否居住在东部地区均负向显著影响农户的消费信贷需求；而户主受教育程度、上年度教育费用支出、上年度住房费用支出、家庭人口规模均正向显著影响农户的消费信贷需求。土地面积、户主受教育程度、上年度家庭资产原值和家庭成员中是否有乡村干部均在 1% 的统计水平上显著正向影响消费信贷的供给。

第三，本书发展了面板数据 Biprobit 模型的估计方法。书中构建了随机效应面板数据 Biprobit 模型和部分可观测随机效应面板数据 Biprobit 模型，并且使用部分可观测随机效应面板数据 Biprobit 模型定量估计了农户遭受消费信贷约束的程度。传统的极大似然法在估计这类模型时失效，主要困难在于无法处理样本对数似然函数中所含的二重积分符号，这个二重积分没有解析解，只能采用数值解进行计算。本书基于蒙特卡洛模拟的思想来计算这个数值积分，采用基于 Halton 序列抽样的方法生成关于随机效应项的模拟数据，与传统使用伪随机数发生器来生成区间 [0, 1] 上的随机数的方法相比，可以避免产生数据"聚集"的现象，能更好地覆盖区间 [0, 1]。另外，传统采用 Gauss-Hermite 公式计算数值积分会导致数值不稳定性，而本书所使用的基于 Halton 序列的模拟极大似然法能够避免这一缺陷，同时在不需要过多抽样的情况下就可以保证求解的精度，是对这类模型参数估计方法的一个发展。

第四，本书利用来自我国 5 省份共 1323 户农户的微观调查数据，对农户的消费性融资行为及其对日常消费支出的影响进行了研究，结果表明：被调查地区的金融发展水平仍然比较落后，70% 的被访农户存在消费性融资需求，通过私人无利息的方式获取借款的农户占发生消费性融资行为农户总数的68.53%。对农户贷款特征的分析发现，农户更倾向于选择低利息成本、还款期限灵活及无须抵押担保的贷款。非正式金融机构，特别是亲戚朋友处的借款，一般都是无息贷款或者抵押要求较少，往往成为农户消费性借贷的首选渠道。对农户消费性融资渠道选择偏好影响因素的进一步分析中，房屋资产原值、户主的年龄、土地面积、家庭人口规模、到最近信用社的距离、养殖业收入、工资性收入、养殖业支出、日常消费支出和医疗支出通过了变量的显著性检验，生产经营性固定资产原值、户主的受教育程度、是否干部家庭、种植业收入、畜牧业收入、其他收入、种植业支出与其他支出对农户消费性融资路径选择的影响并不显著。农户的借贷行为能够平滑农户的消费，改善其福利水平，相比于那些没有发生贷款的农户，贷款显著提高了农户的消费水平，占农户日常消费平均值的20%。

在农村地区发展消费信贷是我国农村金融的重要内容之一。经过30多年的改革和发展，我国的农村金融改革取得了一定的成效，农村金融体系形成了以正规金融机构为主导，农村信用合作社为核心，政策性、商业性与合作性金融机构在内的多种所有制形式并存的现代农村金融体系的雏形。但农村金融抑制的程度还非常高，金融机构网点覆盖率低，信贷供给体系单一，金融服务难以满足多元化需求，尤其是对低收入群体的金融抑制更加严重，这些都极大地制约了农村和农业的发展。

农村金融改革的工作在不断地持续深化中，自进入21世纪以来，为了更好地支持农村金融改革，国家先后颁布了很多金融支农的政策和文件。党的十六大、十七大、十八大报告中对农村金融问题都进行了强调和部署，党的十八届三中全会对全面深化改革的若干重大问题进行了部署，提出要"让发展成果更多更公平惠及全体人民"，"发展普惠金融，鼓励金融创新，丰富金融市场层次和产品"，为我国农村金融未来改革的道路指明了方向。国家发改委印发的《全国农村经济发展"十三五"规划》提出要全面深化农村改革，对建立现代农村金融制度提出了具体要求和措施。在这样的大背景下，结合本书的研究结论，对发展我国农村消费信贷体系提出如下政策和建议：

其一，大力发展农村经济，增加农民的收入，通过农户财富水平的提升缓解农户遭受信贷约束的程度。农业收入是农民收入的主要来源，但由于受自然风险和市场风险的双重影响，农业生产成为高风险的行业，进而导致农民收入现金流的不稳定性。2015年11月，中央财经领导小组提出了"加强供给侧结构性改革",而农业供给侧结构性改革的主要目标之一就是提高农民的收入。推进农业供给侧结构性改革,就要深入农业领域,通过调整农业产业结构来保障农产品更为有效地供给,让农业资源在市场中得到更为合理有效的配置,从根本上使农业走出发展困境。为了推进农业供给侧改革,还要加强农村人力资本供给侧的相关改革。当前农村人才严重缺乏,严重制约了农村经济的发展,应该加大农村人力资本的投资力度,支持农村劳动力创业,促进农民工城市化,在推行城镇化的过程中将优秀人才引入农村,增强农村经济发展的动力,让人才参与到"三农"经济建设的过程中来。此外,土地依然是农民最主要的财富,改革农村的土地制度依然意义重大,不仅要继续施行土地流转制度,增强土地产权的市场流动性,同时,还要开展土地经营权抵押,解决农民信贷过程中缺少土地抵押担保的问题,加快土地产权交易市场的建立,完善农村产权交易平台。

其二,构建现代化的农村金融体系,加强对农村金融市场的支持,构建完整的政策支撑体系为了服务于工业化和城镇化的发展战略,大量农村资金源源不断地流出,资本被导向国家工业和城市。随着全面建设小康社会的推进,"三农"的金融服务需求发生了改变,农户的消费信贷需求增加,拓展非农经营的融资需求也在逐渐增加。此外,城乡一体化和城镇化进程的加快,对农村金融服务提出了新的要求。应该综合应用金融财政、货币及信贷、监管等政策,使更多的信贷资金投放给"三农"。通过各种惠农政策的实施,改变长期以来城乡不对等、不公平的交易关系,改善农户融资的外部环境。一直以来,我国农村金融改革的着眼点都侧重于农村正规金融机构,政府对于正规金融机构的支持力度偏大,因而促进了农村正规金融机构的发展,相比之下,农村非正式金融组织的发展较为缓慢。实践经验表明,非正式金融组织的发展、配合和补充作用对于农村金融市场的发展来说是非常重要的,如果在农村金融改革中仅仅依靠正式金融机构和组织的力量去发挥作用,最终是很难实现显著成效的,甚至会导致改革的失败。因此,国家应该放松对内生非正规金融的管制,继续开放市场,鼓励和规范非正规金融机构在农村开展业务,构建农村正式金融机构和非正式金融组织有机混合的互补关系和模式,让农村金融市场在充满竞争性的环境中得到发展,从政策层面支持新型合作金融组织的发展,以农村金融市场为主导,让农村金融体系的构建适合农村金融市场的发展。农村正式金融组织应该发挥资金归农的作用，让资本重新流回农村，引导非正式金融组织合法化或正规化，使其在农村社区建设中发挥主导作用，建立一个竞争性、多层次、多元化、覆盖广、可持续发展的健康的农村金融体系，促使其竞相满足"三农"的金融需求，全面实现"普惠金融"。

其三，以提高农村金融服务的水平和改善服务的质量为目标，不断创新相关产品和服务。加快现行农村金融体制的改革，增加消费信贷的供给。在防范化解金融风险的基础上，简化贷款手续，让民营机构在国家法律允许的范围内积极参与消费信贷市场，更好地服务于农民。政府应该出台相应的政策，鼓励金融机构针对农户的需要和消费习惯，开发品种多样的消费信贷产品和工具，为他们提供更多的消费性贷款，满足不同层次农户的消费需求。农村地区大多交通不便，电力和能源等基础设施薄弱，法制环境也相对落后，这些因素都会制约农村消费信贷的发展。政府应该重视农村基础设施的建设，着力改善农民的消费环境和条件，增加农户的有效需求，使农村消费信贷向着健康的方向发展。鼓励农民改变传统的消费观念，让他们适度消费高、中、低档耐用消费品；支持农民提高受教育水平，鼓励农民上大学，开发品种多样的助学贷款；鼓励农民建房贷款。农村金融机构应该围绕解决农民贷款难、贷款贵和贷款不方便等问题，开发低成本、可复制和容易推广的涉农金融产品和服务。为了改善农民缺少抵押担保品的现状，在农民现有担保资源极其有限的情况下，金融机构应该考虑现实情况，结合市场特点适度拓展抵押担保品的范围，逐步开展农村承包土地经营权和农民住房财产权抵押贷款业务，在不违背法律制度的情况下，只要农村资产的价值评估合理、产权归属明了，就允许它们作为贷款抵押品，促进农村资产和权利合法、有序转化为可交易的金融资产。此外，应该更新农村居民的消费观念，消除他们对于未来的不确定性，加大在农村地区宣传消费信贷业务的力度，让农民了解消费信贷，敢于使用消费信贷，通过运用这种消费方式来改善生活条件、提高生活质量，逐步改变传统的累积型消费方式。大力推广农村微贷技术，普及现代金融工具的应用，使更多的金融产品和服务惠及农民，满足农民多元化、特色化的金融需求。

其四，加强农村信用体系建设，推动农村金融立法，为农村消费信贷的发展营造良好的社会环境。农户遭受信贷约束的主要原因在于与金融机构之间存在信息不对称，缺乏信贷历史记录，应该建立和完善个人信用制度，逐步建立电子信用档案和开展信用评价工作，把农村的个人信用历史也记录在案，逐步纳入全国征信系统范围，使金融机构在信息评估中极大地减少成本。在农村地区建立宣传、防范和惩处相结合的农村信用体系建设的长效机制，对于守信者给予简化贷款手续、降低贷款利率的上浮幅度等正向激励措施，对于违约农户提高其再次消费信贷或其他贷款的约束程度，并与其他金融机构建立信息共享机制，完善失信惩戒制度和信息披露制度，提高农户违约成本。这就需要加强与农村金融相关的法律和法规建设，对于农村居民的消费信贷建立促进法和监管法，同时对农村居民的消费信贷施行风险补偿机制，从根本上改善农村金融的生态环境。要着力改善农村金融的法制环境，加大对于农村金融的监管，让更多的农民了解农村金融的法律和法规。为了让农民放心使用消费信贷进行提前消费，解除农民的后顾之忧，应该构建覆盖范围广泛的农村社会保障机制，切实提高农村居民的社会保障水平。

其五，大力发展农村互联网金融，利用信息化推进农村金融的发展。在国民经济快速发展的当下，我国已经全面步入信息化时代，互联网技术正在改变着每个人的生活，对大多数传统产业产生了冲击，"互联网+金融"可以有效地化解农村金融服务中的很多难题，它的出现为金融信息的整合、金融业务的办理以及信贷资源收集、货币资金收转等提供了便利条件。"互联网+金融"模式下，农户签订合同、收款、还款等，可以直接通过微信、支付宝转账以及网银划款等方式实现，有效地缓解了自然地理条件带来的信贷困难，无论是在技术上还是在信贷效率上都远远超过了传统金融。互联网的普及也促进了农村电子商务的快速发展，改变了农村居民的生活和消费方式，是扩大农村居民内需、提高农村居民消费水平的重要动力。"互联网+金融"与农村电子商务相辅相成、互相促进。因此，应该加大农村地区的互联网基础设施建设，开发适合偏远地区农民的"互联网+金融"产品，提升农民的上网能力、普及智能手机及其使用。在城镇化进程的推进中，加快建立农村与城市双向流通的物流体系，大力发展农村物流的基础设施，促进农村电商的发展，通过电商的数据流量信息促进"互联网+金融"服务的发展。农村金融机构应该在信息化进程中抓住发展农村电子商务的机遇，增加服务"三农"的能力，让"互联网+金融"在农村金融普惠中发挥作用。

参考文献

[1] Alessie R, Devereux M P, Weber G. Intertemporal Consumption, Durables and Liquidity Constraints: A Cohort Analysis [J]. European Economic Review, 1997, 41 (1): 37-59.

[2] Alessie R, Hochguertel S, Van Soest A. Ownership of Stocks and Mutual Funds: A Panel Data Analysis [J]. The Review of Economics and Statistics, 2004 (86): 783-796.

[3] Attanasio O P. "Consumption", In Handbooks of Macroeconomics [J]. Elsevier, 1999 (1): 741-812.

[4] Attanasio O P, Weber G. The UK Consumption Boom of the Late 1980s: Aggregate Implications of Microeconomic Evidence [J]. The Economic Journal, 1994: 1269-1302.

[5] Bacchetta P, Gerlach S. Consumption and Credit Constraints: International Evidence [J]. Journal of Monetary Economics, 1997, 40 (2): 207-238.

[6] Beaton K. Credit Constraints and Consumer Spending [R]. Bank of Canada Working Paper, 2009.

[7] Bell C. Interactions Between Institutional and Informal Credit Agencies in Rural India [A] // Hoff K, Braverman A, Stiglitz J E. The Economics of Rural Organization, Theory, Practice, and Policy [M]. Oxford: Oxford University Press, 1993: 186-213.

[8] Benito A, Mumtaz H. Consumption Excess Sensitivity, Liquidity Constraints and the Collateral Role of Housing [R]. Working Paper, No. 306, Bank of England, 2006.

[9] Bertaut C C, Haliassos M. Credit Cards: Facts and Theories [M]. The Economics of Consumer credit, The MIT Press, 2006: 181-237.

[10] Bertola G, Caballero R. Kinked Adjustments Costs and Aggregate Dynamics [J]. In 14th NBER Macroeconomics Annual, 1990: 237-288.

[11] Bertola G, Guiso L, Pistaferri L. Uncertainty and Consumer Durables Adjustment [J]. The Review of Economic Studies, 2005, 72 (4): 973-1007.

[12] Bertola G, Hochguertel S, Koeniger W. Dealer Pricing of Consumer Credit [J]. International Economic Review, 2005, 46 (4): 1103-1142.

[13] Besley T. Nonmarket Institutions for Credit and Risk Sharing in Low-income Countries [J]. The Journal of Economic Perspectives, 1995, 9 (3): 115-127.

[14] Brennan M J, MAKSIMOVICs V, Zechner J. Vendor Financing [J]. The Journal of Finance, 1988, 43 (5): 1127-1141.

[15] Brugiavini A, Weber G. Durables and Nondurables Consumption: Evidence from Italian Household Data, In Saving and the Accumulation of Wealth: Essays on Italian Household and Government Saving Behavior [M]. Cambridge: Cambridge University Press, 1994: 305-329.

[16] Butler J S, Moffitt R. A Computationally Efficient Quadrature Procedure for the One-factor Multinomial Probit Model [J]. Econometrica: Journal of the Econometric Society, 1982 (50): 761-764.

[17] Cameron A C, Trivedi P K. Microeconometrics: Methods and Applications [M]. Cambridge: Cambridge University Press, 2005: 635-661.

[18] Campbell J Y, Cocco J F. Household Risk Management and Optimal Mortgage Choice [J]. The Quarterly Journal of Economics, 2003, 118 (4): 1449-1494.

[19] Campbell J Y, Cocco J F. How do House Prices Affect Consumption? Evidence from Micro Data [J]. Journal of monetary Economics, 2007, 54 (3): 591-621.

[20] Cappellari L, Jenkins S P. Calculation of Multivariate Normal Probabilities by Simulation, with Applications to Maximum Simulated Likelihood Estimation [J]. The Stata Journal, 2006, 6 (2): 156-189.

[21] Carroll C D, Hall R E, Zeldes S P. The Buffer-stock Theory of Saving: Some Macroeconomic Evidence [J]. Brookings Papers on Economic activity, 1992 (2): 61-156.

[22] Carroll C D, Kimball M S. Liquidity Constraints and Precautionary Saving [R]. National Bureau of Economic Research, 2001.

[23] Chakravorti S, Emmons W R. Who Pays for Credit Cards? [J]. Journal of Consumer Affairs, 2003, 37 (2): 208-230.

[24] Chakravorti S, To T. A Theory of Credit Cards [J]. International Journal of Industrial Organization, 2007, 25 (3): 583-595.

[25] Chivakul M, Chen K. What Drives Household Borrowing and Credit Constranits? Evidence from Bosnia and Herzegovina [R]. IMF Working Paper, WP/08/202, 2008.

[26] Cox D, Jappelli T. The Effect of Borrowing Constraints on Consumer Liabilities [J]. Journal of Money, Credit and Banking, 1993, 25 (2): 197-213.

[27] Crook J, Hochguertel S. Household Debt and Credit Constraints: Evidence from OECD Countries [R]. Credit Research Center, University of Edinburgh Working Paper Series No. 05/02, 2005.

[28] Crook J. Household Debt Demand and Supply: A Cross–country Comparison [J]. The Economics of Consumer Credit, 2006: 63-92.

[29] Crook J. The Demand for Household Debt in the USA: Evidence from the 1995 Survey of Consumer Finance [J]. Applied Financial Economics, 2001, 11 (1): 83-91.

[30] Daly V, Hadjimatheou G. Stochastic Implications of the Life Cycle _ Permanent Income Hypothesis: Evidence for the U. K. Economy [J]. Journal of Political Economy, 1981, 89 (3): 596-599.

[31] Deaton A. Saving and Liquidity Constraints [J]. Econometrica, 1991, 59 (5): 1221-1248.

[32] Deaton A. Understanding Consumption [M]. Oxford: Oxford University Press, 1992.

[33] Devicienti F, Poggi A. Poverty and Social Exclusion: Two Sides of the Same Coin or Dynamically Interrelated Processes? [J]. Applied Economics, 2011, 43 (25): 3549-3571.

[34] Duca J V, Rosenthal S S. Borrowing Constraints, Household Debt, and Racial Discrimination in Loan Markets [J]. Journal of Financial Intermedia-

tion, 1993, 3 (1): 77-103.

[35] Duesenberry J S. Income, Saving and the Theory of Consumer Behavior [M]. Combridge: Harvard University Press, 1949.

[36] Flavin M A. The Adjustment of Consumption to Changing Expectations about Future Income [J]. Journal of Political Economy, 1981, 89 (5): 974-1009.

[37] Friedman M. A Theory of the Consumption Function [M]. Princeton: Princeton University Press, 1957.

[38] Gan J. Housing Wealth and Consumption Growth: Evidence from a Large Panel of Households [J]. Review of Financial Studies, 2010, 23 (6): 2229-2267.

[39] Gourieroux C, Monfort A. Simulation-Based Methods Econometric Method [M]. Oxford: Oxford University Press, 1996.

[40] Greene W H. Econometric Analysis, 7th Edition [M]. NJ: Prentice-Hall, 2012: 681-744.

[41] Haan P, Uhlendorff A. Estimation of Multinomial Logit Models with Unobserved Heterogeneity using Maximum Simulated Likelihood [R]. DIW-Diskussionspapiere, 2006, No. 573.

[42] Hall R E, Mishkin F S. The Sensitivity of Consumption to Transitory Income: Estimate from Panel Data on Households [J]. Econometrica, 1982 (50): 461-481.

[43] Hall R E. Stochastic Implications of the Life Cycle-permanent Income Hypothesis: Theory and Evidence [J]. Journal of political economy, 1978, 86 (6): 971-987.

[44] Heckman J J. Statistical Models for Discrete Panel Data [M]. Cambridge: MIT Press, 1981.

[45] Iossa E, Palumbo G. Product Quality, Lender Liability, and Consumer Credit [J]. Oxford Economic Papers, 2004, 56 (2): 331-343.

[46] Jappelli T, Pagano M. Liquidity Constrained Households in an Italian Cross Section [J]. The American Economic Review, 1989 (12): 1088-1105.

[47] Jappelli T. Who is Credit Constrained in the US Economy? [J]. The Quarterly Journal of Economics, 1990, 105 (1): 219-234.

[48] Juster F T, Shay R P. Consumer Sensitivity to Finance Rates: An Empirical and Analytical Investigation [J]. NBER, 1964: 6-46.

[49] Kano S. Like Husband, Like Wife: A Bivariate Dynamic Probit: Analysis of Spousal Obesities [R]. College of Economics, Osaka Prefecture University, 2008, Manuscript.

[50] Kehoe T J, Levine D K. Debt-constrained Asset Markets [J]. The Review of Economic Studies, 1993, 60 (4): 865-888.

[51] Kochar A. An Empirical Investigation of Rationing Constraints in Rural Credit Markets in India [J]. Journal of Development Economics, 1997, 53 (2): 339-371.

[52] Kocherlakota N R. Implications of Efficient Risk Sharing Without Commitment [J]. The Review of Economic Studies, 1996, 63 (4): 595-609.

[53] Krueger D, Perri F. On the Welfare Consequences of the Increase in In-equality in the U. S. [J]. In 18th NBER Macroeconomics Annual, 2003: 83-121.

[54] Lancaster T. The Incidental Parameter Problem Since 1948 [J]. Journal of Econometrics, 2000, 95 (2): 391-413.

[55] Leland H E. Saving and Uncertainty: The Precautionary Demand for Saving [J]. The Quarterly Journal of Economics, 1968, 82 (3): 465-473.

[56] Li R, Li Q H, Huang S A, et al. The credit rationing of Chinese Rural Households and Its Welfare Loss: An Investigation Based on Panel Data [J]. China Economic Review, 2013 (26): 17-27.

[57] Ludvigson S. Consumption and Credit: A Model of Time-varying Liquidity Constraints [J]. Review of Economics and Statistics, 1999, 81 (3): 434-447.

[58] Lyons A C. How Credit Access has Changed over Time for US Households [J]. Journal of consumer Affairs, 2003, 37 (2): 231-255.

[59] Magri S. Italian Households' Debt: Determinants of Demand and Supply [R]. Bank of Italy, Economic Research and International Relations Area, 2002.

[60] McFadden D. Economic Choices [J]. The American Economic Review, 2001, 91 (3): 351-378.

[61] Meyer R L, Cuevas C E. Reduction of Transaction Costs of Financial Intermediation: Theory and Innovations [A] // Un Department of International Economic and Social Affairs. Savings and Credit for Development [C]. Report of the International Conference on Savings and Credit for Development, Klarskovgard, Denmark, 28 – 31 May 1990, New York (United Nations), 1990: 285-317.

[62] Miranda A. Migrant Networks, Migrant Selection, and High School Graduation in Mexico [J]. Research in Labor Economics, 2011 (33): 263-306.

[63] Modigliani F, Brumberg R. Utility Analysis and the Consumption Function: An Interpretation of Cross-section Data [M]. New Brunswick, N. J: Rutgers University Press, 1954.

[64] Modigliani F. Life Cycle, Individual Thrift, and the Wealth of Nations [J]. The American Economic Review, 1986, 76 (3): 297-313.

[65] Mody A, Ohnsorge F, Sandri D. Precautionary Savings in the Great Recession [J]. IMF Economic Review, 2012, 60 (1): 114-138.

[66] Murphy M M, Ott M. Retail Credit, Credit Cards and Price Discrimination [J]. Southern Economic Journal, 1977, 43 (3): 1303-1312.

[67] Neyman J, Scott E L. Consistent Estimates Based on Partially Consistent Observations [J]. Econometrica, 1948 (16): 1-32.

[68] Okurut F N, Schoombee A, Berg S. Credit Demand and Credit Rationing in the Informal Financial Sector in Uganda [J]. South African Journal of Economics, 2005, 73 (3): 482-497.

[69] Olomola A S. Determinants of Smallholders' Transaction Cost of Procuring Non-Bank Loans in Nigeria [J]. Savings and Development, 1999 (23): 95-108.

[70] Pender J L. Discount Rates and Credit Markets: Theory and Evidence from Rural India [J]. Journal of development Economics, 1996, 50 (2): 257-296.

[71] Petersen M A, Rajan R G. Trade Credit: Theories and Evidence [J]. Review of Financial Studies, 1997, 10 (3): 661-691.

[72] Piracha M, Zhu Y. Precautionary Savings by Natives and Immigrants

in Germany [J]. Applied Economics, 2012, 44 (21): 2767-2776.

[73] Poirier D J. Partial Observability in Bivariate Probit Models [J]. Journal of Econometrics, 1980, 12 (2): 209-217.

[74] Árvai Z, Tóth J I. Liquidity Constraints and Consumer Impatience [A] //East European Transition and EU Enlargement [M]. Physica-Verlag HD, 2002: 319-336.

[75] Smith P A, Song L L. Response of Consumption to Income, Credit and Interest Rate Changes in Australia [R]. Melbourne Institute of Applied Economic and Social Research, The University of Melbourne, 2005.

[76] Spence M. Consumer Misperception, Product Failure and Producer Liability [J]. Review of Economic Studies, 1977, 44 (3): 561-572.

[77] Stiglitz J E, Weiss A. Credit Rationing in Markets with Imperfect Information [J]. The American economic review, 1981, 71 (3): 393-410.

[78] Stone L. The Crisis of the Aristocracy 1558-1641 [M]. Oxford: Clarendon Press, 1965.

[79] Train K. Discrete Choice Methods with Simulation [M]. Cambridge: Cambridge University Press, 2003.

[80] Train K. Qualitative Choice Analysis [M]. Cambridge: MIT Press, 1986.

[81] Zeldes S P. Consumption and Liquidity Constraints: An Empirical Investigation [J]. Journal of Political Economy, 1989, 97 (2): 305-346.

[82] Zeldes S P. Optimal Consumption with Stochastic Income: Deviations from Certainty Equivalence [J]. Quarterly Journal of Economics, 1989, 104 (2): 275-298.

[83] 蔡浩仪, 徐忠. 消费信贷、信用分配与中国经济发展 [J]. 金融研究, 2005 (9): 63-75.

[84] 陈春生. 农户消费性融资需求的多质性与结构分析 [J]. 西北农林科技大学学报（社会科学版）, 2008, 8 (3): 2-38.

[85] 储德银, 童大龙. 中国财政政策对居民消费需求的非对称效应——基于流动性约束视角下一个新的分析框架 [J]. 公共管理学报, 2012, 9 (1): 70-80.

[86] 丁宁. 中国消费信贷对经济增长贡献的实证分析 [J]. 财经问题

研究，2014（3）：62-68.

[87] 丁志国，朱欣乐，赵晶.农户融资路径偏好及影响因素分析——基于吉林省的样本［J］.中国农村经济，2011（8）：54-63.

[88] 樊向前，戴国海.影响居民消费行为的信贷条件分析——基于2002~2009年我国城镇居民消费的实证研究［J］.财经理论与实践，2010，31（168）：15-21.

[89] 高梦滔，毕岚岚，师慧丽.流动性约束、持久收入与农户消费——基于中国农村微观面板数据的经验研究［J］.统计研究，2008，25（6）：48-55.

[90] 高珊珊.农村消费信贷信用风险评估［D］.中国矿业大学博士学位论文，2010.

[91] 杭斌，王永亮.流动性约束与居民消费［J］.数量经济与技术经济研究，2001（8）：22-25.

[92] 郝东阳.中国城镇居民消费行为的经验研究［D］.吉林大学博士学位论文，2011.

[93] 何南.基于VECM的中国家庭债务与消费波动：1997~2011年［J］.经济学动态，2013（7）：65-69.

[94] 候英，陈希敏.声誉、借贷可得性、经济及个体特征与农户借贷行为［J］.农业技术经济，2014（9）：61-71.

[95] 胡士华.农村非正规金融发展问题研究［D］.西南大学博士学位论文，2007.

[96] 黄兴海.我国银行卡消费与经济增长的实证研究［J］.金融研究，2004（11）：72-82.

[97] 凯恩斯.就业、利息和货币通论［M］.宋韵声译.北京：华夏出版社，2004：98.

[98] 李庆海，李锐，汪三贵.农户信贷配给及其福利损失——基于面板数据的分析［J］.数量经济与技术经济研究，2012（8）：35-49.

[99] 李锐，朱喜.农户金融抑制及其福利损失的计量分析［J］.经济研究，2007（2）：146-155.

[100] 李燕娇.消费信贷与中国城镇居民消费行为分析［D］.山东大学博士学位论文，2012.

[101] 李永平.中国农村金融制度变迁与经济主体行为研究［D］.山

东大学博士学位论文, 2006.

［102］廖理, 沈红波, 苏治. 如何推动中国居民的信用卡消费信贷——基于住房的研究视角［J］. 中国工业经济, 2013（12）: 117-129.

［103］刘艳华. 中国农村的信贷配给及其绩效评价研究［D］. 山东农业大学博士学位论文, 2009.

［104］卢亚娟. 中国农村金融发展研究——基于农村微观主体行为的实证分析［D］. 南京农业大学博士学位论文, 2009.

［105］罗剑朝, 赵雯. 农户对村镇银行贷款意愿的影响因素实证分析——基于有序 Probit 模型的估计［J］. 西部金融, 2012（2）: 18-24.

［106］罗晰文. 西方消费理论发展演变研究［D］. 东北财经大学博士学位论文, 2013.

［107］马晓青, 刘莉亚, 胡乃红, 王照飞. 信贷需求与融资渠道偏好影响因素的实证分析［J］. 中国农村经济, 2012（5）: 65-77.

［108］迈克尔·曾伯格, 拉尔·兰姆拉坦, 弗兰科·莫迪利安尼. 不曾停歇的思维［M］. 黄秀荣等译. 北京: 华夏出版社, 2010: 88.

［109］满讲义, 佟仁城. 流动性约束对我国城镇居民消费影响的实证分析［J］. 数学的实践与认识, 2009, 39（17）: 16-21.

［110］聂冲, 贾生华. 离散选择模型的基本原理及其发展演进评价［J］. 数量经济与技术经济研究, 2005（11）: 151-159.

［111］秦建群, 秦建国, 吕忠伟. 农户信贷渠道选择行为: 中国农村的实证研究［J］. 财贸经济, 2011（9）: 55-63.

［112］邵传林. 农户偏好农村非正规金融的动因: 理论模型与经验证据［J］. 上海经济研究, 2012（2）: 77-84.

［113］唐绍祥, 汪浩瀚, 徐建军. 流动性约束下我国居民消费行为的二元结构与地区差异［J］. 数量经济与技术经济研究, 2010（3）: 81-95.

［114］滕向丽. 促进农村消费信贷良性发展［J］. 经营管理, 2011（4）: 43-46.

［115］童馨乐, 褚保金, 杨向阳. 社会资本对农户借贷行为影响的实证研究——基于八省 1003 个农户的调查数据［J］. 金融研究, 2011（12）: 177-191.

［116］童馨乐, 李扬, 杨向阳. 基于交易成本视角的农户借贷渠道偏好研究——以全国六省农户调查数据为例［J］. 南京农业大学学报（社会科

学版), 2015, 15 (6): 78-89.

[117] 万广华, 张茵, 牛建高. 流动性约束、不确定性与中国居民消费 [J]. 经济研究, 2001 (11): 35-45.

[118] 汪浩瀚, 唐绍祥. 不确定性条件下中国城乡居民消费的流动性约束分析 [J]. 经济体制改革, 2009 (5): 54-57.

[119] 汪浩瀚. 微观基础、不确定性与西方宏观经济理论的拓展 [J]. 经济评论, 2006 (3): 57-63.

[120] 王柏杰. 农村制度变迁、流动性约束与农村居民消费增长 [J]. 山西财经大学学报, 2014, 36 (10): 1-10.

[121] 王定祥, 田庆刚, 李伶俐, 王小华. 贫困性农户信贷需求与信贷行为实证研究 [J]. 金融研究, 2011 (5): 124-134.

[122] 王佳楣, 罗剑朝, 张珩. 西部地区农户融资偏好的灰靶决策分析——基于陕西省334个样本农户的调查 [J]. 当代经济科学, 2014, 36 (3): 54-65.

[123] 王江, 廖理, 张金宝. 消费金融研究综述 [J]. 经济研究, 2010: 5-29.

[124] 王娟, 李锐. 农户消费信贷约束及其影响 [J]. 系统工程理论与实践, 2016, 36 (6): 1372-1381.

[125] 王书华, 杨有振. 信贷约束与我国农户收入差距的面板门限回归 [J]. 山西财经大学学报, 2012 (9): 36-44.

[126] 吴雨, 宋全云, 尹志超. 农户正规信贷获得和信贷渠道偏好分析——基于金融知识水平和受教育水平视角的解释 [J]. 中国农村经济, 2016 (5): 443-455.

[127] 熊伟. 短期消费性贷款与居民消费: 基于信用卡余额代偿的研究 [J]. 经济研究, 2014 (1): 156-167.

[128] 熊学萍, 阮红新, 易法梅. 农户金融行为、融资需求及其融资制度需求指向研究 [J]. 农业技术经济, 2007, 326 (8): 167-181.

[129] 徐丽鹤. 正规、非正规借贷对农户支出总量的影响 [J]. 农业技术经济, 2015 (3): 71-83.

[130] 易宪容, 黄瑜琴, 李薇. 消费信贷、信用约束与经济增长 [J]. 经济学动态, 2004 (4): 36-40.

[131] 易小兰. 农户正规借贷需求及其正规贷款可获得性的影响因素

分析 [J]. 中国农村经济, 2012 (2): 56-63.

[132] 臧旭恒. 居民跨时预算约束与消费函数假定及验证 [J]. 经济研究, 1994 (9): 51-59.

[133] 臧旭恒, 李燕桥. 消费信贷、流动性约束与中国城镇居民消费行为: 基于 2004~2009 年省际面板数据的经验分析 [J]. 经济学动态, 2012 (2): 61-66.

[134] 张艾莲, 李萍, 刘柏. 中国居民消费信贷行为路径的供给侧影响研究 [J]. 经济学家, 2016 (7): 17-24.

[135] 张邦科, 邓胜梁. 中国城市居民消费函数的假说检验 [J]. 统计与决策, 2013 (2): 1-6.

[136] 张承惠, 郑醒尘等. 2015 中国农村金融发展报告 [M]. 北京: 中国发展出版社, 2016.

[137] 张龙耀, 程恩江. 我国农民专业合作经济组织融资问题研究 [J]. 金融发展评论, 2012 (2): 56-77.

[138] 张维迎. 博弈论与信息经济学 [M]. 上海: 上海人民出版社, 2004.

[139] 张文红, 王小景, 冯梦雨. 消费信贷对中国居民消费影响效应的实证研究 [J]. 统计与信息论坛, 2013, 28 (5): 46-50.

[140] 赵霞, 刘彦平. 流动性约束、居民消费及消费信贷的计量分析 [J]. 消费经济, 2006, 22 (4): 79-83.

[141] 赵霞. 农村居民消费、流动性约束和消费信贷的实证研究 [J]. 中国农业经济评论, 2006, 4 (1): 49-57.

[142] 周立, 李萌, 陈莎, 潘素梅. 金融排斥、金融排异与农村金融普惠 [M]. 北京: 中国农业出版社, 2016.

[143] 周月书, 班丝蓼, 周通平, 牛遵博. 正规与非正规金融下农户借贷选择行为研究 [J]. 农业经济与管理, 2013, 6 (22): 52-59.

[144] 朱信凯, 刘刚. 二元金融体制与农户消费信贷选择——对合会的解释与分析 [J]. 经济研究, 2009 (2): 43-55.

[145] 朱信凯. 流动性约束、不确定性与中国农户消费行为分析 [J]. 统计研究, 2005 (2): 38-42.

后 记

回顾改革开放40多年的成果，中国经济年均增速曾一度保持两位数的纪录，举世瞩目。但为了服从工业化的发展战略，在国民收入的分配中，我国长期重积累而轻消费。20世纪80年代以来，我国消费占GDP的比重一直在50%以下徘徊，2009年甚至降至35.6%，国民经济中的长期投资偏好导致了内需不足和经济结构严重失调，阻碍着经济的进一步发展。毫无疑问，农户消费水平的提升已经成为我国经济长期增长强有力的驱动力，提高农户的消费能力是我国扩大内需的必然选择。截至2013年底，我国农村人口达6.3亿，这是一个潜力巨大的消费市场和金融市场。但我国农村消费市场的症结在于农民的收入水平低、储蓄率高，而其中一个重要影响因素就是农村的消费信贷发展水平较低，农民可以使用的资金受限。随着小康社会建设进程的推进，城乡一体化和城镇化进程加快，农户的收入水平和消费水平相应增加，农户对消费信贷的需求也会增加。

城市金融和农村金融是我国金融体系的二元构成，但这种二元金融结构抑制了农村经济的发展，加剧了二元经济和二元社会结构的矛盾。2017年中央一号文件用较大篇幅要求加快农村金融创新，鼓励金融机构探索开展"三农"领域内的创新金融模式，并且要求与农业供给侧结构性改革对接。研究文献和实践经验都指出，提供消费信贷给农户不仅可以缓解农户的流动性约束，帮助他们实现跨期消费，而且可以增加农户的消费支出和收入水平。发展农村居民的消费信贷是刺激内需和促进经济增长的重要途径之一，在目前宏观经济运行的大背景下对农户消费信贷这一问题开展研究，意义更为重大。

本书的编撰方式尽可能兼顾各类农村金融服务的提供者，尽可能通过完整、全面的介绍使农村金融机构更了解基层农村和农民的需求，帮助政策制定部门完善农村金融相关政策，为监管部门修订监管制度提供依据。

本书成稿过程中得到了内蒙古财经大学学术专著出版基金的资助和内蒙古财经大学大数据重点实验室的支持,在此表示衷心的感谢!同时,希望本书能帮助我们在农村金融的学术道路上,以事实为基本的出发点,为各界人士提供参考,为从事农村金融服务人员提供启迪。